AF569737

ALYSON K. SPURGAS ist Professor*in für Soziologie und das Women's, Gender and Sexuality Studies Program am Trinity College in Hartford, Connecticut. Spurgas forscht, schreibt und lehrt aus einer interdisziplinären und intersektionalen feministischen Perspektive zur Soziologie von Traumata, zur Politik des Begehrens und zu Care-Technologien. Zuletzt veröffentlicht: *Diagnosing Desire: Biopolitics and Femininity into the Twenty-First Century* (The Ohio State University Press 2020), 2021 mit dem Cultural Studies Association First Book Prize ausgezeichnet.

ZOË C. MELEO-ERWIN ist Soziologin mit Schwerpunkt Qualitative Sozialforschung und ehemalige Hochschuldozentin für Öffentliche Gesundheitsfürsorge. Seit 2022 arbeitet sie als User Experience Researcher in der Tech-Branche. Sie hat zur Bedeutung von Gesundheit und Krankheit, zu Gesundheitspolitik und zu den Effekten digitaler Technologien auf Community- und Identitätsbildung im Kontext von Gesundheit und Krankheit geforscht.

ANNE EMMERT studierte Anglistik, Amerikanistik und Linguistik. Sie übersetzte vor allem Sachbücher aus den Bereichen Politik, Gesellschaft, Feminismus aus dem Englischen, u.a. die Bücher von Laurie Penny. 2024 wurde sie mit dem Übersetzerpreis Rebekka ausgezeichnet. Kurz vor Drucklegung dieses Buches ist Anne Emmert im Januar 2024 tödlich verunglückt.

ALYSON K. SPURGAS/ZOË C. MELEO-ERWIN

DEKOLONISIERT SELF CARE

AUS DEM ENGLISCHEN ÜBERSETZT VON ANNE EMMERT

EDITION NAUTILUS

Die Originalausgabe des vorliegenden Buches erschien unter dem Titel *Decolonize Self-Care* bei OR Books, New York & London, 2023

Edition Nautilus GmbH
Schützenstraße 49 a
D - 22761 Hamburg
www.edition-nautilus.de

Deutsche Erstausgabe März 2024
Umschlaggestaltung: Maja Bechert
www.majabechert.de
Satz: Corinna Theis-Hammad
www.cth-buchdesign.de
Porträts auf S. 2: © privat

Druck und Bindung:
CPI – Clausen & Bosse, Leck
1. Auflage
ISBN 978-3-96054-344-2

Inhalt

Einleitung

Sorge für dich selbst, als hingen sämtliche Likes davon ab

Es war Ende Februar 2020, und die globale Coronapandemie wuchs sich in den USA zu einem *echt großen Ding* aus. In New York City lebten wir noch unser gewohntes Leben, aber kleine Veränderungen konnten wir schon spüren – irgendwie lag mehr Nervosität in der Luft als sonst. Nachrichten und Gespräche im privaten und beruflichen Umfeld drehten sich immer häufiger um das neue Coronavirus. Obwohl man bestimmte Reinigungs- und Zellstoffprodukte kaum noch zu kaufen bekam, spielten die Verantwortlichen auf städtischer, bundesstaatlicher und föderaler Ebene die Sache herunter. Am 3. März, zwei Tage nach Bestätigung des ersten COVID-19-Falls im Bundesstaat New York, forderte Bürgermeister Bill de Blasio die Menschen seiner Stadt sogar noch auf, ganz normal ihrem Alltag nachzugehen. Uns konnte das nur recht sein. Wir hätten wohl jede Einschränkung als ärgerlich empfunden – der schnelle, umtriebige New Yorker Lebensstil ist ja sprichwörtlich …

Vier Tage später verhängte der Gouverneur des Staates New York, Andrew Cuomo, den Ausnahmezustand.

Etwa um diese Zeit – am 26. Februar, um genau zu sein – postete Schauspielerin und Influencerin Gwyneth Paltrow, Inhaberin des berühmt-berüchtigten Lifestyle- und Wellness-Unternehmens Goop, auf Instagram ein Selfie mit schicker Gesichtsmaske der Firma Airinium (Preis ab 75 Dollar) und kuschelig anmutender Schlafmaske. Dazu schrieb sie: »Unterwegs nach Paris. Paranoia? Prophetie? Panik? Pragmatismus? Pandemie? Propaganda? Paltrow lässt sich nicht beirren und wird mit diesem Ding im Flugzeug schlafen. In dem Film war ich schon [sie meint ihre Rolle im apokalyptischen Blockbuster *Contagion* über ein tödliches Virus aus dem Jahr 2011]. Passt auf euch auf. Begrüßt euch nicht mit Handschlag. Wascht euch regelmäßig die Hände.«

Unmittelbar nach dem Post erschienen auf Medien-Websites spöttische Kommentare: Die *Los Angeles Times* bekam noch am selben Tag Wind von dem Instagram-Beitrag, die *New York Times* brachte am 5. März in ihrer Lifestyle-Rubrik einen kurzen Artikel mit der Überschrift »Die Reichen rüsten sich anders für das Coronavirus«. Für unser Thema *Selfcare als Lebensstil* aber wohl noch wichtiger: Obwohl Gesundheitsfachleute vom Tragen eines Mund-Nasen-Schutzes abrieten, weil die Masken für das medizinische Personal gebraucht wurden, war das Modell, das Paltrow trug, schnell ausverkauft – monatelang.

Drehen wir die Zeit acht Monate weiter auf Ende Oktober 2020. In den USA hatten sich mittlerweile mehr als 8,7 Millionen Menschen mit COVID-19 infiziert, mehr als 225.000 waren gestorben. Erneut machte eine bekannte Influencerin mit einem ungeschickten Instagram-Beitrag zum Thema »Selfcare« Schlagzeilen. Diesmal handelte es sich bei der Übeltäterin um Kim Kardashian, die reizende Glamour-Fotos von einer Privatinsel postete: Kardashian war mit ihrem inneren Zirkel auf die Insel geflogen (nach einem »Gesundheitscheck« und Quarantäne, versteht sich), um ihren vierzigsten Geburtstag zu feiern und »nur mal kurz so zu tun, als wäre alles normal«. Die Reaktionen auf Kardashians Tweets und Posts in den sozialen Netzwerken folgten auf dem Fuß und reichten von sarkastischen Kommentaren (»Konntet ihr mit dem 1200-Dollar-Konjunkturscheck, den ihr vor sechs Monaten bekommen habt, etwa nicht auf eine Privatinsel fliegen?!«) bis hin zu eher defensiven Aussagen (»Nehmt lieber euer eigenes Schicksal in die Hand, statt andere für Privilegien zu verurteilen, die sie sich erarbeitet haben. Wer würde nicht auf einer Privatinsel feiern, wenn er es könnte?«). Damit wir uns richtig verstehen: Wir fanden die Instagram-Posts ziemlich grotesk, hätten aber natürlich trotzdem gern mit Kim fancy Urlaub gemacht oder mit Gwyneth im Privatflieger gesessen.

Dabei achtete die berühmte Influencerin Kim Kardashian sehr auf bescheidene Zurückhaltung. Sie rufe sich demütig (*#humble*) in Erinnerung, »wie privilegiert mein Leben ist«, schrieb sie. Sie wiederholte mehrmals, wie überaus glücklich sie sich schätzen könne, und erklärte wortreich, ihre Aktivitäten in der Corona-Hölle von 2020 seien »für die meisten Menschen völlig unerreichbar«. »Vor COVID haben wir, glaube ich, nicht richtig wertgeschätzt, was für ein Luxus es war, zu reisen und sich mit Familie und Freunden in Sicherheit zu wissen.« Ob Kardashian wohl klar ist, dass die meisten Menschen unabhängig von der globalen Pandemie von einer so verschwenderischen Geburtstagsparty nur träumen, dass sie auch in nicht-pandemischen Zeiten weder regelmäßig reisen noch Freunde und Familie besuchen können? Obwohl Kardashian ihre moralische Integrität energisch herauskehrte (mehr dazu in Kürze), erntete sie in den sozialen Netzwerken reichlich Hohn und Spott. In einem Tweet hieß es, es sei einfach nur lachhaft, die Wörter »normal« und »Privatinsel« in einem Satz zu verwenden. Viele äußerten ihr Entsetzen über Kardashians eklatante Realitätsferne. Memes fluteten das Netz.

Angesichts ihrer enormen Privilegien klingen Kardashians *#humble* und Paltrows »Passt auf euch auf« als demonstrative Zurschaustellung von Wokeness und Fürsorge ziemlich hohl. Was für Nervensägen, verkünden großartig, dass sie der Misere mit einem Trip nach Paris oder auf die

Privatinsel entfliehen, während wir anderen die Pandemie ganz anders erleben und erleiden. Und ja, wir finden den Shitstorm und die abfälligen Medienkommentare auch ganz unterhaltsam. Trotzdem: Influencer*innen und Stars wie Kim Kardashian und Gwyneth Paltrow sind in Wahrheit nur Symptome einer größeren Problematik, zu der nicht wenige von uns beitragen: die Kommerzialisierung der Selbstfürsorge, woke Wellness und das Aufspringen auf lukrative Hashtags. Die weißen Promi-Frauen halten daher gewissermaßen auch als Sündenböcke her.

Kardashians und Paltrows knallige Lifestyle-Versionen von Selfcare und Wellness dienen vielen als erstrebenswertes Vorbild, das allerdings kaum jemand erreicht. Gleichzeitig ist Selfcare überall zu haben, und zwar zu einem Preis, den auch *du* dir leisten kannst! Es ist paradox: *Ideal* wäre natürlich die superelitäre Selfcare, aber wenn frau sich das nicht leisten kann, hat sie zumindest die Möglichkeit, sich auf dem gigantischen Markt, der genau für diese Zwecke entwickelt wurde, dem Ideal anzunähern (ehrlich – das musst du ausprobieren!). Du hast nicht das Geld für eine Geburtstagssause auf der Privatinsel mit anderen hippen Leuten, die bei Mondschein mit dir schwimmen gehen? Bestimmt kannst du dir aber ein paar Mutmachkarten, ein Armband mit eingeprägtem Mantra (ernsthaft!) oder die ätherischen Öle auf Amazon leisten. Oder noch besser: Hol dir die kostenlose Calm-App. Luxus-Selfcare für die Reichen und Schnäppchen-Selfcare fürs gemeine Volk – was leben wir in einer tollen Zeit!

Selfcare geht heutzutage gern mit demonstrativer *Wokeness* einher – man »protzt damit, wie extrem wichtig einem ein soziales Thema ist«, so heißt es im *Urban Dictionary*. Häufig erschöpft sich die Wokeness im *virtue signaling* (einer »sichtbaren, aber im Wesentlichen nutzlosen Geste, mit der man vordergründig eine gute Sache unterstützt, in Wahrheit jedoch vor allem beweisen will, dass man viel moralischer ist als alle anderen«; *Urban Dictionary*). Das zweite Paradox der Selfcare, das wir in diesem Buch darstellen wollen, ist daher folgendes: Selfcare-Tipps stellen heute häufiger denn je auf »soziale Gerechtigkeit«, »kollektive Fürsorge« und sogar »das Politische« ab. Gleichzeitig folgen viele dieser Tipps einem ungebremsten Individualismus und perpetuieren am Ende noch die soziale und wirtschaftliche Ungleichheit.

Viele Menschen sind heute überarbeitet, erschöpft, zermürbt und (hallo!) wütend – und wütend sollten wir wahrhaftig sein! Sehr viele von uns brauchen dringend Fürsorge. Dennoch haben weite Teile der Selfcare-Branche jeglichen Bezug zu der Art von Fürsorge, die wir brauchen und fordern, verloren. Die Botschaften, die auf uns einprasseln, reichen von: »Sorge für dich selbst, dann hast du unternehmerischen Erfolg« über »Sorge für dich selbst, denn das nützt deinem Umfeld und der Welt« bis hin zu dem eher schlichten Mantra (das die beiden ersten verbindet): »Sorge für dich selbst, dann geht es dir besser – und du kannst dein authentisches/empowertes/Ultra-Zen-Selbst (!) sein.«

Doch immer soll vor allem die Einzelne profitieren, die Selfcare betreibt: Im ersten Fall entwickelt man seine persönliche Marke, ist finanziell erfolgreich und dabei auch noch entspannt und emotional gefestigt, im letzten profitiert man psychisch davon, etwas Positives für die Welt getan zu haben – durch mehr Zugewandtheit und Verbundenheit, ein besseres Selbstwertgefühl oder weniger Angst. Obwohl in den heutigen Ausprägungen der Selbstfürsorge von »Gemeinschaft« und »sozialer Gerechtigkeit« die Rede ist (und wie wir noch sehen werden, oft auch von »Diversität« und »Inklusion«), reichen die Wohltaten bei weitem nicht aus, die sozialen Bedingungen, durch die dieses Scheißgefühl überhaupt erst in uns aufkommt, zu ändern. Insofern wirken sie bestenfalls als Trostpflaster, schlimmstenfalls zementieren sie vorhandene ungleiche Machtstrukturen, indem sie individualistische Lösungen für Probleme anbieten, die eigentlich systemischer Art sind.

Um es klar zu sagen: Wenn wir von »vorhandenen Machtstrukturen« und »systemischen Problemen« sprechen, meinen wir intersektionale Formen der Ungleichheit, unter anderem durch weiße Vorherrschaft, Nationalismus, Sexismus, Homophobie, Transphobie und Ableismus, die heute wie früher allesamt ineinandergreifen und vom Kapitalismus herbeigeführt und/oder verstärkt wurden. Diese Unterdrückungsmechanismen sind zudem mit dem Kolonialismus und Strukturen verknüpft, durch die Weiße aus Europa alle anderen bis heute unterwerfen.

Eve Tucks und K. Wayne Yangs Ausführungen zur Dekolonisierung folgend, unterscheiden wir zwischen *externem* und *internem* Kolonialismus: Externer Kolonialismus gründet auf der Ausbeutung indigener Ressourcen und Menschen und verschafft der Kolonialmacht Wohlstand und Macht. Unter internem Kolonialismus versteht man dagegen die Mechanismen zur Kontrolle und Unterwerfung von Menschen, Land und Tieren *innerhalb* einer imperialen Nation. Für unser Thema der Kommerzialisierung der Selbstfürsorge sollten wir festhalten, dass die USA als koloniale Siedlernation ein Beispiel für beide Formen des Kolonialismus sind. Ausprägung und Ausübung der Kolonialität heute mögen sich von historischen Formen unterscheiden, doch umfassende Dominanz- und Ausbeutungssysteme bestehen fort und wirken sich materiell, kulturell, psychologisch und gesundheitlich negativ aus, besonders auf Schwarze und Indigene Menschen und People of Color (BIPoC).

Kolonialität wird mit physischer Gewalt, aber auch durch Ideen und Praktiken aufrechterhalten, insbesondere solche, die mit wirtschaftspolitischen und anderen staatlichen Maßnahmen zusammenhängen. Unser Verständnis der Realität wird von diesen einander überlappenden Kräften geprägt, das heißt, sie formen unsere Vorstellung dessen, was ein (zum Beispiel soziales, wirtschaftliches oder gesundheitliches) Problem ist und was nicht, wie dieses Problem verursacht wird, wer für seine Lösung verantwortlich ist und was dagegen unternommen werden sollte. In sehr ungleichen sozialen und wirtschaftlichen Systemen kann ungeachtet der Absicht die *Wirkung* von Ideen und Praktiken – auch solchen, die als Selbstfürsorge daherkommen – den Status quo insgesamt und besonders die Kolonialität reproduzieren, also Macht-, Dominanz- und Ausbeutungsbeziehungen, die in Eurozentrismus und weißer Vorherrschaft wurzeln.

In den USA wird an der Dekolonisierung oder der kontinuierlichen Auflösung dieser Macht-, Dominanz- und Ausbeutungsmechanismen gearbeitet, seit die europäischen Eroberer erstmals ihren Fuß auf Turtle Island setzten (die Schildkröteninsel, wie viele Indigene vor allem im Nordosten den nordamerikanischen Kontinent nennen) – es ist ein Kampf, der aus der Notwendigkeit geboren ist. Prinzipiell erfordert die Dekolonisierung: die intellektuelle und emotionale Auseinandersetzung mit der ökologischen Zerstörung und dem menschlichen Leid, die in der Kolonialität durch das Streben nach Profit und Macht herbeigeführt werden; die Erkenntnis, dass in den USA Indigene und Menschen afrikanischer Abstammung Opfer genozidaler und ausbeuterischer Prozesse waren (und sind) und am meisten darunter leiden, auch wenn letztlich alle in unterschiedlichem Ausmaß betroffen sind; eine Neudefinition und Umverteilung von Vermögen und Land als Ausgangspunkt für eine konkrete Entschädigung für diese Gräuel; das radikale Umdenken und Umgestalten sozialer Beziehungen und gesellschaftlicher Institutionen zur Förderung des Gemeinwohls. Und schließlich gilt es, das Weißsein zu demontieren, das nie wirklich eine Abstammung definiert – vielmehr dient es seit jeher dazu, Macht und Besitz zu sichern und weiterzugeben.

So, wie Kolonialität kontinuierlich abläuft, ist auch Dekolonisierung kein Endpunkt, sondern ein Prozess, der bestehende Machtsysteme bloßlegen und die verschiedenen Möglichkeiten des In-der-Welt-Seins erschließen soll. Dekolonisierung ist zudem geradezu lebenswichtig, denn obwohl wir in bestehenden Machtsystemen unterschiedliche Positionen einnehmen, haben diese Systeme eine toxische Wirkung auf uns und den gesamten Planeten.

Im Dienste einer solchen Dekolonisierung wollen wir zeigen, dass uns Selfcare-Märkte nicht weiterbringen, denn sie setzen die toxischen Beziehungen aus weißer Vorherrschaft, Elitarismus und Kapitalismus fort – nur mit »weicherer« und »sanfterer« Fassade und immer häufiger mit dem Hinweis auf (reiche weiße) »Frauenpower«. Ungeachtet unserer Kritik wollen wir auch nicht verschweigen, dass sich das Selfcare-Narrativ in den letzten Jahren und besonders im Zuge der Coronapandemie und der antirassistischen Bewegungen des Jahres 2020 spürbar verschoben hat. Es ist ja schon etwas ziemlich Neues, wenn Kim Kardashian auf Instagram ihre Privilegiertheit eingesteht, zumal führende Selfcare- und Wellness-Unternehmen gerade Diversität, Gleichheit, Inklusion und gesundheitliche Ungleichheiten zum Thema machen.

Die Tragweite solcher Debatten wollen wir ebenso wenig kleinreden wie die Ernsthaftigkeit der Versuche einiger Influencer*innen, Promis, Firmen und so weiter, soziale Veränderungen herbeizuführen. Aber wir wollen uns realistisch ansehen, was sich tatsächlich verändert hat und was nicht und inwieweit soziale Bewegungen die Frage der Fürsorge von Grund auf in eine radikalere Richtung lenken. So berücksichtigen wir Widersprüche rund um das Thema Selfcare und würdigen die starke Community-Arbeit, mit deren Hilfe besonders bedürftige gesellschaftliche Gruppen Fürsorge erhalten. Außerdem beschreiben wir in diesem Buch verschiedene *Phasen der Selbstfürsorge*, die einander allerdings überschneiden und nicht vollständig voneinander zu trennen sind. Vielmehr bauen verschiedene Spielarten und historische Momente der Selbstfürsorge aufeinander auf, was bei näherem Nachdenken auch nicht weiter erstaunlich ist.

Unser Verständnis des radikalen Potenzials, das der Fürsorge innewohnt, aber auch der größeren Kontexte, in denen die eher massentauglichen Selfcare-Strömungen stehen, gründet auf der akribischen Arbeit von vor allem BIPoC, queeren und trans Personen, Menschen mit Behinderungen, die sich in ihrer Community, in sozialen Bewegungen, an der Universität oder in der Kunst mit diesen Themen befassen und auf deren Texte wir in diesem Buch immer wieder verweisen. Ihrer Arbeit, die der Notwendigkeit entsprang und dem Überleben diente, fühlen wir uns verpflichtet, und wir sind dankbar, dass die Welt daraus schöpfen kann.

Eine kurze Anmerkung zur Methode: »Zwei Haferdrink-Kurkuma-Latte, dazu jeweils eine Autoimmunerkrankung aus artgerechter Haltung, Revolution von der Weide und eine Extraportion Angst, alles zum Mitnehmen bitte!«

Unsere Kooperation begann, wie viele feministische und aktivistische Projekte, beim gemeinsamen Essen und einer Tasse Kaffee. Wir sind seit dem Graduiertenstudium befreundet und leben beide nach wie vor in New York City. In den letzten Jahren trafen wir uns regelmäßig und hielten uns gegenseitig auf dem Laufenden. Unsere Gespräche kehrten oft zu bestimmten Themen zurück: Stress und Druck an der Uni (der uns als Akademiker*innen ohne Festanstellung ebenso zusetzte wie den Studierenden), unsere privaten Beziehungen, Doktorandentratsch (klar, der auch), nationale und internationale Politik, soziale Ungerechtigkeit und – immer häufiger – gesundheitliche Probleme. Wir stellten fest, dass wir unter ähnlichen Krankheiten litten, die zum Teil recht schwammig definiert waren. Wir merkten, dass es uns immer schwerer fiel, mit dem geforderten Tempo Schritt zu halten, und fürchteten, die Anstrengung könne sich körperlich und psychisch negativ auswirken.

Wir sprachen über unsere Erfahrungen mit biomedizinischen (westlich-allopathisch geprägten) Praxen verschiedenster Ausrichtung, die uns keine dauerhaften Lösungen bieten konnten (oder nur Lösungen, die, sagen wir, andere »Herausforderungen« mit sich brachten ...). Populärpsychologische und pop-feministische Beiträge im Internet rieten dazu, Achtsamkeit zu praktizieren, sich Wellness-Tage und andere kleine Freuden zu gönnen, zu anderen und ihren Bedürfnissen auch mal »nein« zu sagen (du stehst an erster Stelle!), Zeit für sich einzuplanen, in die Natur zu gehen, sich in Dankbarkeit zu üben, länger und tiefer zu schlafen, sich gesünder zu ernähren, den Darm pfleglich zu behandeln, zu »manifestieren« und so weiter.

Trotz aller Zweifel probierten wir, auf Erleichterung hoffend, natürliche Mittelchen und beliebte Ernährungsmethoden wie Keto und Paleo aus. Immerhin kam die Darmflora gerade ganz groß raus. Verbarg sich dort womöglich der Schlüssel zur gesunden Verdauung und zur Heilung von Autoimmunerkrankungen, die mittlerweile überall lauerten – und unter denen auch wir massiv litten? Oder handelte es sich wie bei der Entschlüsselung des menschlichen Genoms Ende des 20. Jahrhunderts und der Hirnforschung Anfang des 21. Jahrhunderts um ein neues Gebiet, das die eine oder andere Antwort liefern mochte, aber weit über die Möglichkeiten der Wissenschaft hinaus zum allwissenden Erklärungsmodell verklärt und in bare Münze verwandelt wurde (Puzzeln verhindert Demenz!)?

Wir fanden die Versprechen der Selfcare-Branche jedenfalls verlockend und gleichzeitig befremdlich.

Uns machten neben der Frage nach der Evidenzbasis der Produkte und Praktiken, die mehr Gesundheit und besseres Wohlbefinden versprachen, auch die Strategien der Selfcare-Branche und das viele Geld skeptisch. Auf dem Markt tummeln sich überwiegend weiße Frauen, gut betucht, cisgender (also Frauen, denen bei Geburt das Attribut »weiblich« zugewiesen wurde und die sich als Frauen identifizieren). Uns fiel auf, dass dieser neue Trend als »empowernd« und »feministisch« gefeiert, dass die Vertreterinnen dieser demografischen Gruppe zu kommerziell erfolgreichen »Bossbabes« und »Ladybosses« hochgejubelt wurden: »Erarbeite dir deinen Traum.« Selfcare, so schien es, verschaffte Frauen nicht nur Heilung und Resilienz, sondern half ihnen auch, die Erfolgsleiter zu erklimmen. Wir fragten uns: Was hat es zu bedeuten, wenn die Werbung für Selfcare-Produkte und -Dienstleistungen mit einer Glorifizierung (weißer) Weiblichkeit und Frauenpower einhergeht? Wer profitiert davon, wenn Selbstfürsorge buchstäblich verkauft wird? Wem (und wo) könnte diese Selfcare-Branche schaden? Welche eher gemeinwohlorientierten, kollektivistischen und radikalen Formen der Fürsorge werden negiert – oder vereinnahmt –, wenn Wellness zum Markenartikel mutiert? So begann dieses Projekt.

Die Fragen, die wir hier stellen, und unsere Sicht auf Fürsorge werden nicht nur von unseren (genderspezifisch gelesenen) körperlichen und seelischen Gebrechen, chronischen Krankheiten und Behinderungen beeinflusst. Wir haben uns auch beide intensiv in anarcho-kommunistischen, antirassistischen und queer-feministischen Kreisen, in Punkkollektiven und anderen Räumen der linken Gegenkultur herumgetrieben und sind darüber hinaus studierte Medizinsoziolog*innen. Auch dass wir als relativ privilegierte Weiße auf dem kolonialen, als Nordamerika bekannten Siedlergebiet wohnen, und zwar in New York City (dem nicht abgetretenen Land der Munsee Lenape und der Canarsie), prägt unsere Sichtweise und die Beispiele, die wir anführen werden.

Okay, aber was ist »Selfcare« überhaupt? Und woher kommt sie?

Wörter wie »Wellness« und »Selfcare« haben sich in wohlhabenden Staaten wie den USA im Lauf der letzten Jahrzehnte durchgesetzt. Die beiden Begriffe sind verwandt, wenngleich nicht synonym. Unter »Wellness« (»Wohlbefinden«) versteht man einen optimalen Zustand von Seele, Körper und Geist sowie ganzheitliche Gesundheit. Wie Colleen Derkatch, Expertin für die Sprache in Gesundheitswesen und Medizin, erklärt, fußt der populäre Begriff der »Wellness« auf zwei Vorstellungen: *restoration* und *optimization*, also *Wiederherstellung* (das Wiedererlangen ursprünglicher und authentischer Attribute, die uns im modernen Leben angeblich abhanden gekommen sind) und *Optimierung* (die Verbesserung des eigenen Potenzials, *better than well* zu sein). Unter »Selfcare« verstehen wir – und so wird es meist auch in den sozialen Netzwerken und anderswo dargestellt – die Strategien, mit denen man eine solche Wiederherstellung und Optimierung herbeiführt.

Ihren Ursprung hat Selfcare Ende des 20. Jahrhunderts. Vor dem Hintergrund einer veränderten Beziehung zwischen Erkrankten und Medizin wurden die Menschen vonseiten der Politik, der medizinischen Dienstleistungen und der Wirtschaft dazu angehalten, mehr Verantwortung für ihre Gesundheit zu übernehmen. Sie sollten sich individueller Risiken bewusst sein, ihren Lebensstil verändern und sich aktiv in das Gesundheitssystem einbringen.

Heutzutage verbindet man mit dem Begriff Selfcare meist milde und schonende Maßnahmen, die der einzelne Mensch (insbesondere wir Frauen) ergreifen (sollen), »weil wir es uns wert sind«. Frau kann zum Beispiel ein Bad nehmen, zur Massage gehen, meditieren, Yoga praktizieren, Urlaub machen oder auch nur ausschlafen. Selfcare ist mittlerweile genau das, was in den sozialen Netzwerken stattfindet: Wir posten ein Foto von uns, wie wir uns verwöhnen – zum Beispiel mit einem bestimmten Getränk bei Starbucks –, und fügen den Hashtag »#selfcaresonntag« hinzu (oder war es »#selfcaresamstag«? Wir haben den Überblick verloren ...). Ehe wir jedoch tiefer in den aktuellen Markt für Selbsthilfe, Gesundheit und Wellness eintauchen, sollten wir uns die Entstehungsgeschichte des Begriffs anschauen, der früher für etwas völlig anderes stand.

Beginnen wir mit der Schwarzen queeren Dichterin und Sozialfeministin Audre Lorde, die in diesem Kontext oft zitiert (und memifiziert) wird. Im Jahr 1988, vier Jahre vor ihrem Tod, schrieb Lorde: »Meine Selbstfürsorge ist keine Selbstgefälligkeit, sondern Selbsterhaltung, und das ist ein Akt politischer Kriegsführung.«[1] Das heißt, Selbstfürsorge war für Lorde ein fundamental politischer Akt mit größeren gesellschaftlichen Folgen. Lorde kämpfte gegen intersektionale Formen der Unterdrückung – weiße Vorherrschaft, Klassismus, Sexismus, Homophobie – und gleichzeitig gegen den Brustkrebs, und für sie waren das eigene Überleben und das Überleben ihrer Community eng miteinander verflochten. Selbstfürsorge, meinte sie, sollen wir betreiben, um gesund zu werden, aber auch, damit wir den Kampf für soziale Gerechtigkeit fortsetzen können. Ehe Lorde in ihrer Arbeit das feministische Mantra »das Persönliche ist politisch« formulierte, hatten auch schon andere revolutionäre Bewegungen Fürsorge, Gesundheit und

1 Lorde (1988, dt. 2021), S. 172.

Wohlbefinden mit dem Kampf um gesellschaftliche Veränderungen verbunden. Wenn wir diese Geschichte kurz aufrollen, so begegnen wir auch Fallstricken und Stolpersteinen, die sich trotz bester Absichten sogar in Fürsorge- und Gleichstellungsbewegungen einstellen können.[2]

Die Black Panther Party (BPP) wurde gemeinhin mit »Gewalt« assoziiert, weil sie sich offen gegen Staat, Kapitalismus und weiße Vorherrschaft stellte und das Recht auf Selbstverteidigung und die Verteidigung der Community für sich in Anspruch nahm. Die Partei trat aber in den 1960er Jahren auch entschieden für die Gesundheitsversorgung Schwarzer Communitys ein, auch der Kinder. Um den unerfüllten Bedürfnissen Schwarzer Menschen in den USA besser gerecht zu werden, organisierten die Panther unter anderem Frühstücksangebote für Schulkinder und Vorsorgeuntersuchungen auf Sichelzellenanämie. Zwar stand die Gesundheitsfürsorge als Forderung an die US-Regierung noch nicht explizit im ursprünglichen Zehnpunkteprogramm des Jahres 1966, doch Anfang der 1970er Jahre gründeten die Panther kommunale Gesundheitszentren im gesamten Land, und die Verbesserung der Gesundheitsfürsorge entwickelte sich zu einem zentralen Anliegen der Partei. Schließlich wurde die Forderung nach kostenloser medizinischer Versorgung aller unterdrückten Bevölkerungsgruppen auch ins offizielle Parteiprogramm aufgenommen. Der kostenlose Zugang zum Gesundheitssystem und zu Präventionsmaßnahmen war laut BPP notwendig, um Krankheiten, Leiden

---

2 Siehe Hobart und Kneese (2020), Hanna (2020) und Seiler (2020), die dem komplexen Phänomen der Fürsorge in Hinblick auf Unterschiede in Gender, Race und Sexualität in sozialen Bewegungen (und die damit verbundenen Machtungleichgewichte) nachgehen. So kritisierten Schwarze Frauen in der Black Panther Party ungehemmten Sexismus und Frauenfeindlichkeit der männlichen Parteimitglieder. Das ist nur ein Beispiel für die zahllosen Widersprüche in radikalen Gruppierungen.

und Traumata, die infolge der Unterdrückung durch weiße Vorherrschaft und kapitalistische wirtschaftliche Ungleichheit in der kolonialen Siedlernation USA stark verbreitet waren, zu behandeln und zu überwinden.

Die gesellschaftlichen Bedingungen, das Gesundheitssystem, medizinische Versorgung in den Gemeinden, Selbstbestimmung und Selbstverteidigung sowie Fürsorge für Gemeinschaft und Individuum waren somit eng miteinander verflochten. Als die Panther strukturelle Bedingungen wie Beschäftigungslage, Regierungshandeln, Überwachung, Zustände in den Vierteln, Zugang zu sozialen und medizinischen Diensten sowie die rassistisch und klassistisch geprägten sozialen Beziehungen mit der Qualität der Gesundheitsfürsorge in Beziehung setzten, nahmen sie vorweg, was Gesundheitsforschung und Soziologie später als »soziale Gesundheitsfaktoren« und »gesundheitliche Ungleichheiten« bezeichneten. Wenn Fachleute in Sozialwissenschaft und Gesundheitswesen diese Begriffe verwenden, meinen sie nicht-biologische, nicht-verhaltensbezogene Faktoren, die sich auf die Gesundheit einer Bevölkerungsgruppe auswirken und dazu führen, dass in verschiedenen Bevölkerungsgruppen ein jeweils unterschiedlicher Gesundheitsstatus herrscht.[3]

In den 1960er Jahren gründeten sich in New York City The Young Lords, eine Latinx-Bewegung gegen Rassismus und für wirtschaftliche Gerechtigkeit. Wie die Black Panther Party betonten sie die Beziehung zwischen Individuum, Community, Gesundheit und Fürsorge als Bestandteil des sozialen Wandels. Sie führten zum Beispiel Tür-zu-Tür-Aktionen durch, um Menschen eines Viertels auf Bleiver-

3 Noch vor den Panthern hatte das um die Jahrhundertwende W. E. B. Du Bois erkannt und die Beziehungen zwischen gesellschaftlichen Zuständen, Gesundheitsstatus und Lebenschancen afroamerikanischer Menschen in seiner ausführlichen Fallstudie *The Philadelphia Negro* (1899) dargelegt.

giftung und Tuberkulose zu testen, organisierten Kleiderkammern, medizinische Behandlung, Kinderbetreuung, gemeinsame Mahlzeiten und kostenlose Frühstücksangebote für Jugendliche. Wenn die Kids zum Essen kamen, erhielten sie muttersprachliches Lesematerial mit radikalen Thesen und Informationen über ihre Herkunftskulturen.[4]

Auch feministische Bewegungen, die sich für reproduktive Gesundheit und Gerechtigkeit stark machten, stellten die Selbstfürsorge in den Kontext von kollektiver Fürsorge und kollektivem Überleben. In den 1960er Jahren entstanden in den USA geheime Abtreibungsnetzwerke wie der Abortion Counceling Service of Women's Liberation. Eine Gruppe der im Volksmund als Jane Collective bekannten Untergrundorganisation hatte Ende der 1960er und Anfang der 1970er Jahre ihren Sitz in Chicago, ehe das wegweisende Urteil des Obersten Gerichts im Fall *Roe v. Wade* die Abtreibung 1973 legalisierte (bis 2022). Zuvor brachten sich in dem frauenfeindlichen konservativen Klima, das die einzelne Frau zwang, ihre Schwangerschaft auszutragen, ob sie es nun wollte oder nicht, die Mitglieder solcher Netzwerke die Grundlagen der Abtreibung gegenseitig bei (mit selbst hergestellten Küretten, Kanülen und anderen Instrumenten und Methoden, die die Betroffenen selbst oder ihre Freundinnen durchführen konnten). Zusätzlich machten sie Mundpropaganda für ihre Do-it-Yourself-Dienste (DIY), damit auch andere sie nutzen konnten.[5]

4 Mehr dazu siehe The Young Lords, palante.org/AboutYoung Lords .htm.

5 Weil in den USA auch nach dem *Roe*-Urteil 1973 viele Menschen mit Uterus klinische operative Abtreibungen nicht nutzen konnten, hielten sich diese Methoden ebenso wie die orale Einnahme von Abtreibungsmedikamenten und -kräutern. Seit der Entscheidung des Obersten Gerichtes in der Sache *Dobbs v. Jackson Women's Health Organization* im Jahr 2022 finden sie heute bestimmt wieder größere Verbreitung und werden durch neue ergänzt.

Da diese Form der reproduktiven Fürsorge systematisch vernachlässigt, den Betroffenen vorenthalten und häufig unter Strafe gestellt wurde, liegt es auf der Hand, dass sich Menschen mit Uterus/Eierstöcken, unabhängig von Race und Klasse, dieser Arbeit als Erste annahmen (als Hebamme, in der Geburtshilfe oder im Heilbereich arbeiten besonders viele Menschen, die diese Fortpflanzungsorgane besitzen oder die sich als Frau identifizieren). Wie die Panther und die Young Lords mussten auch Abtreibungsaktivistinnen wie bei Jane in der Selbsthilfe und der Unterstützung anderer besonders erfinderisch sein, weil das Gesundheitssystem, die Bundesstaaten und die Regierung in Washington ihre medizinischen Bedürfnisse konsequent ausblendeten. Darüber hinaus forderten die Aktivistinnen, die sich um ihre und anderer Frauen Gesundheit kümmerten, ja auch die Autorität der medizinischen Profession heraus, deren Expertise lange Zeit als sakrosankt gegolten hatte.

Diese frühen, einander oft überlappenden Bewegungen, die sich in den USA um gemeinschaftliche Pflege und Fürsorge kümmerten (Mitte und Ende des 20. Jahrhunderts gab es außerdem Initiativen für queere Menschen und HIV/AIDS-Kranke, die Behindertenrechtsbewegung, die Bewegung für Transrechte und die radikale Disability-Justice-Bewegung), trugen zwar revolutionäre Elemente aus Antirassismus, Feminismus und Arbeiter*innenbewegung in sich. Doch im Bereich der reproduktiven Rechte und der sexuellen Gesundheit wurden Strategien und Ziele allzu oft von bürgerlichen, weißen, cis Frauen geprägt, die folglich verhältnismäßig stark von solchen Fürsorgeformen profitierten. Michelle Murphy, Wissenschaftshistorikerin und Professorin für Gender Studies, bezeichnet diese ungleiche Verteilung von Pflege und Fürsorge im Namen des Empowerments als *Protokollfeminismus*, der auf »eine Politik der Methoden setzt«. Zu diesen Methoden gehören

Selbsthilfe-Optimierungsstrategien und die DIY-Leistungssteigerung des (weißen, cis-weiblichen) Körpers. Protokollfeminismus ist ein Widerspruch in sich: Er ruft nach »Revolution«, »radikaler Politik« und fordert, sich »die Macht zurückzuholen«, ist aber gleichzeitig ein Produkt des Kapitalismus, der weißen Vorherrschaft und der dominanten Biomedizin, in deren Ungerechtigkeit er tief verwurzelt ist.

Auf den ersten Blick könnte man meinen, dieser Feminismus hätte die radikalen Ursprünge schlicht vereinnahmt und die Selbstfürsorge nur noch auf weiße cis Frauen bezogen, die beispielsweise mit dem Spiegel ihre Vagina untersuchten (wie es die in den USA der 1970er Jahre populären feministischen Bewegungen für Selbsthilfe und Frauengesundheit empfahlen: Das Wohnzimmer oder häufiger eine Frauengruppe und ihre spezifischen Selbsthilfe-Methoden *ersetzten* damals die Sprechstunde). Die Sache geht indes über die offene Vereinnahmung hinaus und ist etwas komplizierter – und wir haben auch gar nichts gegen dieses »Kenne deinen Körper«! Natürlich sollten sich alle dieses Wissen aneignen, statt es den (meist weißen, männlichen) Medizinern zu überlassen. Es ist nachvollziehbar, dass viele Frauen unabhängig von Race und Klasse dieses Selbstwissen erwerben, dass sie sich und anderen helfen und ein revolutionäres Selbstfürsorge-Protokoll entwickeln wollten.

Aber wir dürfen nicht vergessen: Der Kampf um Pflege und Fürsorge kann im Bereich der reproduktiven und sexuellen Gesundheit sehr unterschiedliche Formen annehmen. Schwarze Frauen und andere Frauen of Color hatten, was reproduktive Souveränität und Autonomie angeht, damals eher andere Sorgen, als den eigenen »Körper und sich selbst kennenzulernen«[6] oder auch nur eine sichere und le-

6 Hier beziehen wir uns auf den klassischen feministischen Text *Our*

gale Abtreibung durchzuführen. Viele Schwarze Frauen mussten noch um ihr Recht kämpfen, nicht sterilisiert zu werden, sich von Staat und medizinischem Establishment nicht ständig in ihr Leben und ihre Familienplanung pfuschen zu lassen. Und auch cis Frauen und andere Menschen mit Uterus, arme, behinderte, inhaftierte, zugewanderte oder Indigene, kämpften damals noch gegen die Zwangssterilisation – und müssen sich bis heute mit dem Thema herumschlagen.[7]

So wurden in den 1950er Jahren puerto-ricanische Frauen für medizinische Studien zur Geburtenkontrolle missbraucht. Schon zuvor protestierten Indigene Communitys gegen den fortgesetzten gewaltsamen Kindesentzug und die Unterbringung ihrer Kinder in Indian Residential Schools und staatlichen Pflegestellen. (Dem Gründer des ersten Internats, Kavallerie-Captain Richard Henry Pratt, zufolge sollte die Zwangsassimilierung Kinder vor ihrer eigenen Indigenität bewahren: »Töte den Indianer in ihm und rette den Mann«, erklärte er. Bis heute werden in ganz Nordamerika Gräber von Kindern entdeckt, die unter der »Fürsorge« dieser Schulen starben.) Trotzdem wird gern behauptet, der Kampf um reproduktive Rechte sei für alle Frauen erfolgreich verlaufen. Wie sich die Selbstbestim-

---

Bodies, Our Selves des Boston Women's Health Collective (veröffentlicht 1970), der eine Vielzahl alternativer und DIY-Selbsthilfepraktiken vorstellte, damit sich Frauen Kenntnisse über den eigenen Körper und ihre sexuelle und reproduktive Gesundheit aneignen konnten.

7 Zum Rassismus im US-amerikanischen Gesundheitssystem siehe Owens (2018), Roberts (1998) und Washington (2008). Zur erzwungenen Entfernung der Gebärmutter in ICE-Einwanderungszentren der US-Regierung im Jahr 2020 siehe www.nytimes.com/2020/09/29/us/ice-hysterectomies-surgeries-georgia.html. Zu Gewalt und Traumata, die (besonders trans und nicht genderkonforme) Frauen of Color im US-Gesundheits- und Gefängnissystem erleiden, siehe Kaba (2019) und Spurgas (2021).

mung in Reproduktion, Gesundheit, Familien und Communitys insgesamt entwickelt hat, findet dagegen deutlich weniger Beachtung. Liberaler weißer Feminismus vom Feinsten! (Soll heißen, vom Schlimmsten.)

Welche Relevanz hat diese Geschichte der Community-Justice-Bewegungen – die wir sehr kurz umrissen haben – für das Thema Selfcare heute? Zum einen müssen wir die Widersprüche kennen. Auch wenn Fürsorge radikal gedacht wurde und vielen Menschen helfen sollte, wurde das damals nicht immer (oder nicht oft) erreicht. Uns geht es nicht um Schuldzuweisungen, sondern wir wollen zeigen, dass die *Wirkungen* dieser neueren Bewegungen nicht immer ihren *Absichten* entsprachen.

Zwar engagieren sich auch heute marginalisierte Gruppen in ihren Communitys für Selbstfürsorge und Gesundheit, um gemeinsam zu überleben, doch ist das eher *nicht* die populäre »Selfcare«, die uns heute überwiegend begegnet, vor allem im Internet (wo sich sehr unterschiedliche und deutlich kommerziellere und lukrativere Spielarten tummeln). Diese massentauglichen Varianten haben sich weit entfernt vom früheren Verständnis des Begriffs, der strukturelle Ungleichheit als Hauptursache für Gesundheitsprobleme ausmachte und Pflege und Fürsorge als Bestandteil gesellschaftlichen Wandels und häufig sogar als Vehikel für revolutionären Fortschritt und somit als per se *politisch* begriff. Aktuelle Spielarten der Selfcare können vielen einzelnen Menschen Erleichterung bringen und tun das auch, am meisten aber profitieren ohnehin schon privilegierte weiße cis Frauen.

Dazu kommt, dass aktuelle Selfcare-Strömungen die Intersektionalität und Komplexität der Ungerechtigkeit nicht nur außer Acht lassen, sondern die Diskriminierung bisweilen noch *vergrößern*. Das heißt, sie können Schaden anrichten (etwa für einzelne Communitys, Traditionen und die Umwelt) – auch wenn sie es gar nicht beabsichtigen.

Wie also ist aus der Selbstfürsorge ein individualistisches Unterfangen geworden? Wie konnte »Selfcare« zum Marketing-Schlagwort verkommen? Warum ist sie so vollständig kommerzialisiert? Warum wird individualistische Selbstfürsorge heute mit »Empowerment« verknüpft? Warum sind Wellness und Selfcare ein Multi-Billionen-Dollar-Geschäft? Und wie sind Selfcare und ihre Vermarktung so fest in die Hände reicher weißer cis Frauen im Globalen Norden gelangt?

Der Selfcare-industrielle Komplex: Boss Bitches an die Front!

Selfcare und Wellness sind ein Riesengeschäft. Das Volumen der globalen Wellness-Wirtschaft wurde 2019 auf 4,9 Billionen US-Dollar geschätzt; wegen der weitreichenden Folgen der Coronapandemie fiel es 2020 auf 4,4 Billionen Dollar. In einer (hoffentlich eines Tages) »postpandemischen« Welt wird die Wellness-Wirtschaft laut Prognosen jährlich um 9,9 Prozent wachsen und 2025 fast 7 Billionen Dollar erreichen. Die Wellness-Branche legt weiterhin schneller zu als die Weltwirtschaft.[8] Um dieses Bild noch zu schärfen: In den Jahren unmittelbar vor der Pandemie wuchs die Wellness-Branche um 12,8 Prozent, und heute stellt sie 5,3 Prozent der globalen Wirtschaftsleistung; das

8 Die hier zitierten Daten entstammen überwiegend der Website des Global Wellness Institute (GWI), https://globalwellnessinstitute.org, dem Global Wellness Economy Monitor dieser Institution vom Oktober 2018, https://globalwellnessinstitute.org/wp-content/uploads/2018/10/Research2018_v5webfinal.pdf; dem Global Wellness Trends Report des Global Wellness Summit 2018: globalwellnesssummit.com/2018-global-wellness-trends und dem Global Report des Global Entrepreneurship Monitor 2018/2019: gemconsortium.org/report/gem-2018-2019-global-report.

entspricht mehr als der Hälfte sämtlicher Gesundheitsausgaben, die nach Daten des Online-Technik-Magazins *Fast Company* zuletzt auf 7,3 Billionen Dollar geschätzt wurden. Einen großen Anteil der globalen Wellness-Branche stellt heute mit 828,2 Milliarden Dollar der Markt für »körperliche Betätigung« (der 2019 mit 874 Milliarden Dollar seinen Spitzenwert erreichte). Und obwohl dieser Wirtschaftszweig der »körperlichen Betätigung« sowohl die »männliche« als auch die »weibliche« Nachfrage bedient, finden sich in den Führungsetagen und der angesprochenen Kundschaft heutzutage besonders viele privilegierte weiße cis Frauen im Globalen Norden – oder zumindest macht diese Bevölkerungsgruppe einen erklecklichen Anteil aus.

Diese Märkte und allgemeiner die Bereiche »Selbsthilfe«, »Wellness« sowie Komplementär- und Alternativmedizin (KAM) werden von Männern und Frauen sehr unterschiedlich abgebildet, praktiziert, gekauft und verkauft. Zu den Marktsektoren mit dem größten Wachstum gehören:

- Körperpflege und Schönheit: 1.083 Billionen Dollar
- Gesunde Ernährung, Nahrungsmittel und Gewichtsreduktion: 702 Milliarden Dollar
- Wellness-Tourismus: 639 Milliarden Dollar
- Fitness und Geist-Körper: 595 Milliarden Dollar
- Präventive und personalisierte Medizin sowie öffentliche Gesundheit:[9] 575 Milliarden Dollar
- Traditionelle und komplementäre Medizin: 360 Milliarden Dollar
- Wellness-Immobilien: 134 Milliarden Dollar
- Wellness-Kuren: 119 Milliarden Dollar

---

9 Was mit »Geist-Körper« und »öffentliche Gesundheit« gemeint ist, wissen wir auch nicht so genau. Dasselbe gilt für andere Begriffe in der Liste.

- Thermal-/Mineralquellen: 56 Milliarden Dollar
- Wellness am Arbeitsplatz: 48 Milliarden Dollar

In mehreren dieser Unterbranchen sind Frauen als Erfinderinnen, Unternehmerinnen und Anbieterinnen in der Mehrheit. So waren etwa auf dem Global Wellness Summit im Jahr 2017, an dem ausschließlich geladene Gäste aus den Führungsetagen der Wellness-Branche teilnahmen, 56 Prozent der Delegierten Frauen. Die unternehmerische Aktivität von Frauen stieg zwischen 2015 und 2017 um 10 Prozent, sodass sich seit 2014 der Abstand zu den Männern verkleinert hat. Der jüngste Women's Entrepreneurship Report des Global Entrepreneurship Monitor (GEM) verzeichnet 163 Millionen Unternehmensgründerinnen und 111 Millionen Inhaberinnen bestehender Firmen.

Die Innovationskraft der Unternehmerinnen liegt besonders in Nordamerika und Westeuropa auch in der Wellness- und Lifestyle-Branche 5 Prozent über der ihrer männlichen Kollegen. In den Vereinigten Staaten sind Frauen in 45 Prozent aller eingetragenen Privatunternehmen, insgesamt 12,3 Millionen, gleichberechtigte Miteigentümerinnen oder Mehrheitseignerinnen. Laut dem USGEM-Bericht der Jahre 2018/2019 sehen 59 Prozent der Unternehmerinnen »Chancen« für sich – das ist der bislang höchste Anteil. Allerdings klafft in Hinblick auf die Ressourcen von Startups und die »Angst vor dem Scheitern« noch ein erheblicher Gender-Gap.

Insgesamt aber besitzen weltweit nur wenige Frauen Unternehmen. Im Nahen Osten und in Nordafrika, wo der Unterschied besonders groß ist, beträgt die Anzahl weiblicher Unternehmenschefs ein Drittel der Anzahl der männlichen. Auch in Südamerika klafft ein großer Gender-Gap. Diese Weltregionen stehen ganz anders da als Nordamerika, wo für eingeführte Firmen der Gender-Gap am kleinsten ist. Diese Unterschiede gibt es, obwohl Länder, die noch am Anfang ihrer wirtschaftlichen Entwicklung stehen – zum Beispiel in Subsahara-Afrika –, im Durchschnitt die höchste regionale Gründungsaktivität (total entrepreneurial activity, TEA) und starke Wachstumserwartungen haben, sodass dort besonders viele Unternehmerinnen aktiv sind.

Dennoch erwirtschaften Unternehmerinnen oft schlechtere Renditen, was zum Teil am niedrigeren Bildungsniveau liegt, und sie geben ihr Geschäft häufiger wieder auf, was überwiegend auf einen Mangel an Unterstützung, Investitionen und Kapital zurückzuführen ist. Hier treten die Unterschiede zwischen Nord und Süd deutlich zutage. Trotzdem hört man oft, die Dominanz privilegierter Frauen in der Wellness-Branche des Globalen Nordens verbessere die Lage der Frauen generell – eine grobe Verallgemeinerung, die die unterschiedliche materielle Lage der Frauen je nach ihrer Position in den globalen Macht- und Herrschaftsverhältnissen völlig ausblendet.

Selfcare- und Wellness-Produkte (auch »fernöstliche« oder »Indigene«) werden zunehmend von reichen weißen Frauen entwickelt, produziert und an ebensolche verkauft. Doch die Verknüpfung von Selbstfürsorge und (privilegierter, weißer, cis) »Weiblichkeit« hat noch weitere Facetten, denn diese Branchen nutzen Weiblichkeit auch für die Vermarktung ihrer Produkte – sowohl in Bezug auf den *Inhalt* (was verkauft wird), als auch auf die *Form* (wie es verkauft wird). E-Commerce und neue Vermarktungsformen und -techniken verändern die Beziehung zwischen Konsumentinnen, Produzentinnen und Produkten, das heißt, Menschen *kaufen anders und aus anderen Gründen.* In dieser neuen »frauenfreundlichen« Geschäftswelt soll sich der Kauf von angepriesenen Produkten und Dienstleistungen positiv auf den gesellschaftlichen Status auswirken. Allerdings hat die Werbung schon immer Bedürfnisse geschaffen und Aufstiegsversprechen gemacht, um die Verkaufszahlen anzukurbeln (nach dem Motto: »Du willst doch mit den Nachbarn mithalten!«).

Das ist alles nichts Neues. Neu ist, dass Selfcare-Produkte und -Dienstleistungen, die mit Erleuchtung und sozialem Aufstieg werben, wie eine gute Freundin daherkommen, die uralte Erkenntnisse oder das Kollektivwissen weiblicher Gemeinschaften und Netzwerke weitergibt. Mit dieser Strategie zielt die Branche offenbar darauf ab, als »sanftere« und »freundlichere« Form des Kapitalismus wahrgenommen zu werden. Um zu erklären, warum uns diese neue Entwicklung in der Selfcare Sorge bereiten muss, werfen wir zunächst einen Blick darauf, wie ungerecht sich Pflege und Fürsorge in jüngster Zeit entwickelt haben.

Was ist an Selfcare problematisch?

Als die Coronapandemie im Frühjahr 2020 die USA erreichte, schoss die Arbeitslosenquote in die Höhe, Menschen büßten mit ihrem Job massenweise ihre Krankenversicherung ein, und lange Schlangen sammelten sich vor den Tafeln, denen bald die Nahrungsmittel ausgingen. Gleichzeitig konnten die Milliardäre des Landes ihr Vermögen deutlich steigern. Das alles ist heute relativ bekannt. Weniger bekannt ist vielleicht, dass schon vor der Pandemie die Ungleichheit in den USA den höchsten Stand seit kurz vor der Großen Depression erreicht hatte. Merke: Ein hohes Maß an Ungleichheit ist in den USA nichts Neues!

Gleichwohl war die Ungleichheit *ausschließlich für Weiße* Mitte des 20. Jahrhunderts sehr wohl gesunken. Politische Maßnahmen wie die Social Security (die staatliche Rentenversicherung im US-Sozialversicherungssystem), Kredite für Hauskauf und Hausbau durch die Federal Housing Administration, die G. I. Bill zur Wiedereingliederung von Soldaten ins Berufsleben sowie Stadtsanierungen – lauter Maßnahmen, die People of Color und ihre Communitys systematisch ausschlossen oder sogar negativ beeinflussten – trugen dazu bei, dass sich viele weiße Arbeiterfamilien in der Mittelschicht der Vorstädte etablieren konnten (das galt auch für weiße Einwandererfamilien, die zu unterschiedlichen Zeiten in unterschiedlichem Ausmaß ebenfalls marginalisiert gewesen waren).[10] Das heißt, soziale Fördermaßnahmen kamen besonders Weißen zugute! In den 1970er Jahren ging es indes wirtschaftlich bergab – auch für die neu in der Mittelschicht angekommenen Weißen. Schuld waren makroökonomische Maßnahmen, die sich aus einer bestimmten Wirtschaftsphilosophie ableiteten, heute als »Neoliberalismus« bekannt.

Den Begriff »Neoliberalismus« hört man immer wieder, aber was genau bedeutet er, und was hat er mit Wellness, Gesundheit und Selfcare zu tun? Der Neoliberalismus fördert, vereinfacht gesagt, freie Märkte und die Beschränkung staatlicher Macht, vor allem durch folgende Maßnahmen: Kürzung von Sozialleistungen (die angeblich Abhängigkeiten schaffen und die Staatsschulden erhöhen), Abschaffung oder Abschwächung staatlicher Regulierung, die als wirtschaftsfeindlich gilt (Unternehmen können sich sehr gut selbst kontrollieren, vielen Dank!), und Steuersenkungen besonders für Reiche und Unternehmen (also diejenigen, die »Jobs schaffen«). Mit all diesen Maßnahmen sollen Individuen und Industrie die Freiheit erhalten, Innovation und Wirtschaftswachstum voranzutreiben. Wer findet, dass das nach Libertarismus klingt (oder einer Romantisierung des Freiheitsbegriffs), liegt nicht daneben.

Tatsächlich sind Libertarismus und Neoliberalismus

---

10 Zur Geschichte dieser Maßnahmen und ihren unterschiedlichen Auswirkungen auf weiße Familien und Familien of Color siehe Fullilove (2004) sowie Massey und Denton (1993).

miteinander verknüpft, denn der Neoliberalismus wird oft mit dem Hinweis darauf verteidigt, dass er individuelle Rechte und Freiheiten fördere. Wie soll das gehen? Nun, wenn wir nicht ständig nach dem »starken Staat« rufen, nicht unter »staatlicher Fuchtel« stehen, haben wir mehr Freiheit, unsere eigenen Interessen zu verfolgen und auf dem Markt und in der Gesellschaft die besten und vernünftigsten Entscheidungen zu treffen. Und hey, wenn wir schlechte Entscheidungen fällen (im Leben, wirtschaftlich, gesundheitlich), dann sind wir selbst schuld, oder? Außer natürlich, wir sind eine große Bank, die eine Finanzkrise losgetreten hat, indem sie wider besseres Wissen Hochrisikokredite vergeben hat. In diesem Fall eilt der starke Staat zu Hilfe ... Aber wir schweifen ab.

Natürlich gibt es reichlich Kritik am Neoliberalismus. Unter anderem heißt es, selbst wenn dieses Konzept der unantastbaren Freiheiten und Rechte zuträfe, hätte die Wirtschaft trotzdem ein starkes Interesse daran, der Öffentlichkeit Informationen vorzuenthalten, die sie für fundierte ökonomische Entscheidungen braucht (man bezeichnet das als »Informationsasymmetrie«). Da die Ungleichheit so tief verwurzelt ist, sind wir aber auch gar nicht alle gleichermaßen in der Lage, rationale Marktentscheidungen in unserem eigenen Interesse zu treffen, egal, wie viele hochwertige Informationen wir haben! Wenn Sozialhilfen gekürzt und soziale und wirtschaftliche Probleme marktliberal angegangen werden, stürzen außerdem besonders marginalisierte Bevölkerungsgruppen noch tiefer in Armut und Krankheit. Und wenn die persönliche Verantwortung über allem steht, werden Individuen und Gemeinschaften, die keine »optimalen« und »rationalen« Markt- und Gesundheitsentscheidungen »hinbekommen«, bestenfalls als unverantwortlich hingestellt, schlimmstenfalls als Schmarotzer gegeißelt. (Nach dem rassistischen und klassistischen Slogan des dynamischen Duos Mitt

Romney und Paul Ryan, die sich 2012 für die Republikaner um die US-Präsidentschaft und Vizepräsidentschaft bemühten, sind diese Menschen »*takers not makers*«, zahlen also keine Steuern, kassieren dafür aber Sozialhilfe.)

So formuliert klingt das alles schon schlimm genug, das wirklich Ärgerliche ist allerdings, dass es auf dem gesamten politischen Spektrum viele von uns gar nicht verwerflich finden, wenn Politik, Wirtschaft und Arbeitgeber die individuelle Verantwortung für Gesundheit und Lebenschancen anmahnen – im Gegenteil: Wir haben diese Verantwortung als »vernünftig« oder sogar als »*empowering*« verinnerlicht. Das heißt, wir glauben, durch kluges, verantwortungsvolles, vorausschauendes, ja sogar spekulatives Handeln und eine *sofortige* Änderung unseres Lebensstils künftige Risiken vermeiden zu können. Viele betrachten das als das heiligste aller Rechte: persönliche Freiheit. Das fühlt sich gesund und wie Selbstfürsorge an! Im Grunde hat uns der Neoliberalismus zur Chefin unserer eigenen Firma gemacht: Durch kluge Marktentscheidungen senken wir Risiken und optimieren die Leistung unserer Ich-AG.

Die neoliberalen Kernideale sind tief verwurzelt in der Arbeitsethik und den kulturellen Werten des (weißen) US-Protestantismus, aber auch in wirtschaftlichen und gesellschaftlichen Haltungen (rassistischen, sexistischen, homophoben und so weiter). In den 1970er Jahren stagnierten Wirtschaft und Durchschnittseinkommen, Industriearbeitsplätze gingen verloren, der Sozialstaat geriet unter Druck, die Macht der Gewerkschaften schwand, Arbeitgeber wälzten die Lasten für die wachsenden Gesundheitskosten auf die Beschäftigten ab, öffentliche Krankenhäuser wurden geschlossen. Der Karren steckte tief im Dreck. Nicht einmal die weiße Mittelschicht glaubte noch daran, dass für sie und ihre Kinder wie in vorangegangenen Jahrzehnten der Lebensstandard weiter steigen würde.

Nun sollte Selbstoptimierung – und insbesondere die

Verbesserung der eigenen *Gesundheit* – helfen, den Veränderungen im modernen Leben und der (potenziell prekären) Position des Individuums den Schrecken zu nehmen.[11] Das heißt, wer Verantwortung für sich übernahm, meinte, alles im Griff zu haben. In den 1980er Jahren war dieses neoliberale Denken bereits tief verwurzelt: Die Menschen in den USA fühlten sich als »Konsumierende« ihrer Gesundheitsfürsorge und zuständig für ihre Gesundheit.

In dieser Zeit machte sich in der US-Bevölkerung auch Enttäuschung darüber breit, dass die Medizin chronische Krankheiten nicht hinreichend heilen konnte. Gleichzeitig wurden in medizinischen Veröffentlichungen die gesundheitlichen Folgen der Lebensführung betont. »Treibt mehr Sport, und esst weniger Fett!«, lautete das neue Selbsthilfe-Gesundheitsmantra (Nein, Moment: »Esst weniger Kohlenhydrate.« Nein, wartet mal: ... ?!). Die weiße US-Mittelschicht setzte einen Trend fort, der in den 1960er Jahren begonnen hatte: Sie suchte Lösungen für gesundheitliche Probleme zunehmend in der Komplementär- und Alternativmedizin (KAM). Wie der Gesundheits- und Medizinforscher Michael Goldstein (2002) aufzeigt, hat die KAM weniger die Heilung von Krankheiten als vielmehr »ganzheitliche« Gesundheit im Blick. Begleitet und unterstützt von Fachleuten soll das Individuum Signale und Symptome des Körpers beobachten und lernen, sie zu verstehen und darauf zu reagieren.

Die wachsende Beliebtheit der KAM in den 1970er und 1980er Jahren geht auch auf kollektive Fürsorgepraktiken früherer Sozialbewegungen und die Enttäuschung über die Standardmedizin zurück, doch die Betonung der persönlichen Verantwortung für die eigene Gesundheit durchzog

---

11 Eine umfassende Darstellung dieser Geschichte des »Healthism« und der »Medikalisierung des Alltags« findet sich beim Medizinsoziologen Robert Crawford (1980).

den gesamten Bereich. KAM wurde daher häufig mit Progressivismus assoziiert, diente aber letztendlich den Idealen des Neoliberalismus. Warum? Nehmen wir als Beispiel die Selbsthilfe-Königin Louise Hay, der zufolge »positive Affirmation« Körper und Geist heilt, wohingegen »negative Gedanken« und Gefühle Krankheiten herbeiführen. Hay behauptete tatsächlich, anhaltende Verstimmung über sexuellen Missbrauch und Vergewaltigung könne Gebärmutterhalskrebs auslösen, ihr sei das jedenfalls passiert. Die »Kraft des positiven Denkens« war die herrschende Doktrin, die nicht selten auf die Spitze getrieben wurde.

Zum Verhältnis zwischen Selbstfürsorge, Gesundheitspraktiken und Neoliberalismus seien hier noch ein paar Punkte angeführt. Erstens: Weil Menschen unablässig mit Informationen über neue Risiken bombardiert werden, vor denen sie sich hüten müssen, rückt *Gesundheit* immer weiter in die Ferne und lässt sich immer schwieriger bewahren oder herstellen. Da von uns erwartet wird, dass wir mittels Selbsthilfe und *Selfcare* ständig daran arbeiten, kreisen besonders in der Mittel- und Oberschicht die Gedanken vieler Menschen nur noch um ihre Gesundheit.

Zweitens: Wenn alternative Wellness-, Selbsthilfe- und Selfcare-Trends das Individuum als Ursache und Lösung für Krankheiten in den Mittelpunkt rücken, verschleiern sie gesellschaftliche, politische und wirtschaftliche Faktoren für Gesundheitszustand, Verhalten und gesundheitliche Ungleichheiten. Das heißt, DIY-Methoden sind dermaßen individualistisch, dass sie strukturelle Ursachen ausblenden. Ungeachtet ihres progressiven Anstrichs perpetuieren sie somit bestehende Formen der Entmachtung und Ungleichheit.

Und drittens: Weil alternative Wellness-, Selbsthilfe- und Selfcare-Methoden den Faktor Gesundheit maßlos überbewerten, *verschärfen* sie gesundheitliche Ungerechtigkeiten, und zwar gleich in doppelter Hinsicht. Zum einen verschlingen die ständige Selbstüberwachung und Selbstoptimierung Zeit, Energie und Ressourcen, an denen es Geringverdienenden und anderen marginalisierten Gruppen mangelt. Zum anderen messen neoliberale Kräfte (einschließlich der Komplementär- und Alternativmedizin) der Gesundheit große Bedeutung, viele Vorteile und einen moralischen Wert bei. Die Vorstellung, das Individuum sei für die Wiederherstellung oder Optimierung seiner Gesundheit verantwortlich, wird als »*Healthism*« bezeichnet. Wer sich nicht angemessen um die Optimierung seiner selbst und seiner Gesundheit kümmert, gilt im Umkehrschluss als faul und unverantwortlich. So schließt sich der Kreis zu den aktuellen Selfcare-Spielarten und -Märkten, die wir uns in diesem Buch anschauen wollen.

»Yoga und glutenfreies Essen sind doch aber wirklich super!«

Wie frühere bürgerliche Wellness-Strömungen fallen auch heute die Selfcare-Angebote in ein Umfeld kultureller Verunsicherung und sozialer, politischer und wirtschaftlicher Prekarität. In den letzten zehn Jahren (und besonders seit der Präsidentschaftswahl 2016) herrschten in den USA nicht nur extreme wirtschaftliche Ungleichheit, sondern auch diverse Krisen. Nicht nur hierzulande prägen Polarisierung und Konflikte die Gesellschaft.

Sehr viele Menschen sind vom Staat enttäuscht und misstrauen der Wissenschaft und der akademischen Welt.

Gesundheitsforscher*innen zufolge stecken wir in einer »Einsamkeits-Epidemie«.

Der Klimawandel ist in den Nachrichten mittlerweile omnipräsent, und auch wenn manche ihn noch leugnen, sind die Auswirkungen auf den Planeten unübersehbar.

Seit Anfang 2020 mussten wir uns zusätzlich noch mit

einer globalen Pandemie herumschlagen, wie sie die Welt seit der Spanischen Grippe 1918 nicht mehr gesehen hatte. Die USA traf das alles zusätzlich zu Donald Trumps Präsidentschaft, die für sich schon nach speziellen Selbstfürsorgestrategien schrie (Selbstmedikation, Selbstbesäufnis).[12]

So ist es kein Wunder, dass ersten Daten zufolge der Angstpegel in allen Altersgruppen gestiegen ist, stärker bei Frauen als bei Männern und deutlicher bei Schwarzen Menschen und Latinx als bei Weißen. Nach Angaben der American Psychiatric Association sind die wichtigsten Ursachen, die Menschen für Zustände »leichter« bis hin zu »extremer Angst« anführen, fehlende familiäre Geborgenheit, Gesundheitsprobleme und wirtschaftliche Unsicherheit.

Es ist daher nachvollziehbar, dass Menschen in diesen unsicheren und brutalen Zeiten Selbstfürsorge brauchen. Darum geht es uns auch gar nicht.

Da man Tipps, Tricks und Produktinformationen für die Selbstfürsorge besonders in sozialen Netzwerken und anderen Internetforen finden und weitergeben kann, sind das potenziell Räume, die Trost und Gemeinschaft spenden. Die aktuellen Spielarten der Selfcare leiten Individuen (und besonders relativ privilegierte Menschen) allerdings an, Risiken und Unsicherheit zu minimieren: Sie sollen sich selbst um Gesundheit und Wohlbefinden kümmern, damit sie gegen Notlagen gefeit sind und vor allem *Erfolg* haben,

---

12 Der erste Entwurf zu diesem Buch entstand kurz vor der US-Präsidentschaftswahl 2020, in der das Chaos der vierjährigen Amtszeit Donald Trumps offen zutage trat und das Land entscheiden musste, ob es ihn wiederwählen wollte. Kollektive Angst – und somit das Bedürfnis nach Fürsorge – war in unserem Leben wohl noch nie so spürbar gewesen. Dieses Gefühl hält an, hat jedoch seither neue Formen angenommen, zumal immer neue COVID-19-Varianten auftauchen, weil die USA und die Welt jämmerlich darin versagt haben, adäquat auf die Pandemie zu reagieren.

auch unter den kräftezehrenden Umständen politischer, wirtschaftlicher und sozialer Prekarität und Austerität. Hier verbirgt sich die große Ironie: Genau die Erscheinungen, die das Bedürfnis nach Fürsorge überhaupt erst verursacht haben, bilden mittlerweile den Bezugsrahmen für die (individuelle!) Lösung des Problems. Nur selten werben Selfcare-Angebote dafür, nicht nur individuell, sondern auch kollektiv für Abhilfe zu sorgen (sehen wir einmal von der leeren Zurschaustellung moralischer Werte und dem Aufspringen auf lukrative Hashtags ab, die typisch sind für diese neueste Selfcare-Welle – wir kommen im Lauf des Buches noch darauf zu sprechen, keine Sorge). Und da dieser entscheidende *kollektive* Aspekt vernachlässigt wird, reproduzieren solche Programme und Produkte oft genau die Kräfte, Beziehungen und Systeme, die an den derzeitigen Krisen überhaupt erst schuld sind.

***

Eine Warnung vorab: Wir werden in diesem Buch über Dinge herziehen, die viele schätzen und als hilfreich empfinden. Wir tun das im vollen Bewusstsein dessen, wie widersprüchlich wir als Menschen eben handeln. Wir sind ja selber Fans! Wir finden, dass man glutenfrei und bio essen oder Achtsamkeit und Yoga praktizieren und gleichzeitig Kritik an der Selfcare-Branche üben kann. Als nordamerikanische Soziolog*innen sind wir in demografischer Hinsicht denen, die das von uns kritisierte Geschäft mit der Selfcare betreiben und davon profitieren, recht nah, und wir leben mit diesem Widerspruch (ernsthaft: Wir sind staatlich geprüfte Yoga-Coaches beziehungsweise könnten mit der KAM-Literatur in unseren Regalen eine kleine Bücherei aufmachen). Natürlich wissen wir auch, dass die Selfcare-Märkte samt denen, die sich auf der Angebots- und Nachfrageseite tummeln – aber auch in Wissenschaft,

Medizin, Forschung und anderen »Fachgebieten« –, viel komplexer sind, als wir es in diesem Buch darstellen können. Statt diese Komplexität vollständig abzubilden, wollen wir darstellen, wie stark die beschriebenen Trends in Selfcare, alternativer Wellness und Lifestyle-Optimierung miteinander vernetzt sind.

Es geht uns deshalb gar nicht darum, diejenigen, die von den Selfcare-Märkten profitieren, an den Pranger zu stellen (obwohl man wissen sollte, *was für Leute* das sind). Wir wollen auch nicht Verhalten oder Motivation Einzelner problematisieren, sondern vielmehr die Systeme in den Blick nehmen, die Überzeugungen und Verhaltensweisen in Communitys, Gruppierungen, Bevölkerungsgruppen und Kulturen überhaupt erst prägen (indem sie sie auf die eine oder andere Art belohnen oder bestrafen). Insbesondere sehen wir uns anhand maßgeblicher veröffentlichter Texte die Definitionen, Bedeutungen, Annahmen und Werte aktueller Selfcare-Varianten an und ordnen sie in den größeren Kontext struktureller Ungleichheit (rassistischer Kapitalismus und Kolonialismus) ein. Dabei orientieren wir uns an der wegweisenden Dekolonisierungsarbeit kluger Köpfe aus Wissenschaft, Aktivismus und einer Kombination aus beidem, die auch an der Spitze von Reform- und Gleichstellungsbewegungen stehen.

Aus der Warte der Dekolonisierung betrachtet können Selbstfürsorge und Wellness per se ebenso wenig verkauft wie von Individuen erworben werden, damit diese im zunehmend toxischen gesellschaftlichen, politischen, wirtschaftlichen und ökologischen Umfeld bestehen oder gar erfolgreich sein können. Vielmehr braucht es *Fürsorge*, um diese toxischen Umgebungen zu dekonstruieren und zu transformieren. Wie viele andere Verfechter*innen der Dekolonialisierung betonen daher auch Tuck und Yang, dass Dekolonialität eher eine Praxis ist als ein Endpunkt. Menschen ersinnen, errichten, praktizieren kollektiv und

Schritt für Schritt Alternativen zur derzeitigen kolonialen Ordnung. Dabei vernetzen sie sich, verändern sich und entwickeln sich weiter.

Als zentrale »Optimierungs«-Bereiche heutiger Selfcare-Strömungen analysieren wir in diesem Buch Gender, Sexualität, Ernährung und funktionelle Medizin, in denen viele der soeben umrissenen individualistischen und neoliberalen Phänomene voll zum Tragen kommen. In Kapitel 1 befassen wir uns mit Achtsamkeit, Tantra und anderen Methoden sexueller Optimierung, die sich an Frauen im Globalen Norden richten und von diesen aufgegriffen werden. In Kapitel 2 untersuchen wir genderspezifischen »Extrem«-Tourismus, Biohacking und andere Formen der »Femtech«, auch hier mit Blick darauf, inwieweit diese neuen »weicheren«, »sanfteren« Märkte von und für Frauen gemacht sind (mit der sehr spezifischen Zielgruppe reicher, weißer, cis und heterosexueller Frauen). In Kapitel 3 zeigen wir, wie glutenfreie und Low-Carb-Ernährungsmethoden (GFLC) sowie funktionelle Medizin zu Ursachen und Heilung diverser Erkrankungen stehen. Hier und da kommen in diesen Bereichen auch allgemeine strukturelle Faktoren zur Sprache, etwa die Schwächen des Lebensmittelsystems oder das Profitstreben der Krankenversicherungsbranche (beides wichtige Aspekte!). Letztendlich aber überwiegt auch hier die Annahme, dass Veränderungen nur auf individueller Ebene möglich sind.

Abschließend gehen wir auf den jüngsten Selfcare-Trend ein, »Diversität«, »Gleichheit« und »Inklusion« einzufordern – oft wenig überzeugend. Wir zeigen auf, warum die schlichte Diversifizierung bestehender Formen der Selfcare uns *nicht* weiterbringt, da sie einmal mehr den neoliberalen »Feminismus« oder Protokollfeminismus aufgreift, der das Weißsein in den Mittelpunkt rückt. In dieser jüngsten Phase gelten »Wokeness« und »Gemeinwohlengagement« – oder auch nur bloßes politisches Bewusstsein – als *trendy* und *cool*. Doch in den meisten Fällen wird die Fürsorge, die *über das eigene Selbst* hinausgeht, nur deshalb positiv dargestellt, weil sie *gut für das Selbst* ist (einschließlich des seelischen und körperlichen Wohlbefindens). In Abgrenzung zu solchen Formen neoliberaler und neokolonialer Selfcare werden wir Alternativen untersuchen und empfehlen.

Dabei haben wir weder einfache Antworten noch universelle Wahrheiten parat. Wir präsentieren keine eigene kristallklare Vision, sondern stellen aktuelle Ausprägungen der Community-Arbeit vor, in denen alternative Formen der Fürsorge und Pflege entwickelt werden. Wie viele Bewegungen Mitte des 20. Jahrhunderts führen auch diese Initiativen Praktiken und Parallelstrukturen ein, die das Zusammenspiel von Selbst, Gemeinschaft und Erde stärken, um die toxische materielle und gesellschaftliche Ordnung unserer Zeit zu demontieren. Wir lassen uns von diesen Gruppierungen und Bewegungen gern inspirieren und hoffen, euch geht es genauso.

Kapitel 1

Wie du fantastischen Sex hast (und dabei dein bestes Selbst entfaltest): Nutze deine rezeptive Weiblichkeit und übe dich in Achtsamkeit!

Im Jahr 2013 lieferte ein schottisches Forschungsteam wissenschaftliche Belege zu einem Phänomen, an das viele schon sehr lange geglaubt hatten: Frauen seien besser im Multitasking als Männer. Seither haben andere Studien ergeben, dass es beim Multitasking keine geschlechtsbedingten Unterschiede gibt, doch uns interessiert, warum diese spezielle Studie so viel Beachtung fand und solche Zugkraft entwickelte. Die Forschenden stellen die Frage: Ist Multitasking überhaupt etwas Positives? Wie nützlich ist es? Seit der Veröffentlichung dieser Studie, die häufig zitiert wird, sind Hinweise darauf, dass es sich negativ auswirkt, wenn man zu viele Dinge auf einmal erledigt, und Ratschläge, wie sich negative Folgen auf die Gesundheit verhindern lassen, häufiger zu lesen.

Evolutionspsycholog*innen behaupten seit langem, Frauen betrieben seit Urzeiten Multitasking. Oft hört man, Frauen beherrschten das eben von Natur aus besser, und Multitasking sei somit ein typisch weibliches Merkmal. Manchmal heißt es, das rühre aus einer uralten Veranlagung der Höhlenmenschen her, da Frauen damals mit mehreren Aufgaben gleichzeitig jonglieren mussten: sich um die Kinder kümmern, nach Raubtieren Ausschau halten und sammeln (Beeren? Kinder? Steine, also Kinderspielzeug?). In einem Interview mit dem *National Geographic* antwortete der Leiter der schottischen Studie aus dem Jahr 2013 auf die Frage, warum Frauen besser multitasken: »[...] wir waren im Wesentlichen darauf angepasst, die Gefahren unserer Steinzeitumgebung zu überleben. In dieser Welt kümmerten sich die Frauen nicht ausschließlich um ihre Kinder. Sie konnten sich auch nicht nur darauf konzentrieren, Kleidung herzustellen oder Nahrung zu finden. Trotzdem mussten sie ihren Nachwuchs ständig im Auge behalten; andernfalls wären die Kinder von wilden Tieren gefressen worden, und die Menschheit wäre ausgestorben. Wir sind das Resultat dieses erfolgreichen Verhaltens.«[13] Es wurden schon viele »adaptive« oder »evolutionäre« Gründe dafür angeführt, dass Frauen angeblich so hervorragend mehrere Aufgaben auf einmal meistern. Doch aus unserer Sicht muss man das Phänomen gar nicht mit der hochspekulativen Evolutionspsychologie erklären. Zahlreiche neuere Studien zu Arbeit, Fürsorge und Selbstfürsorge haben das Multitasking, seine geschlechtsspezifischen Ursprünge und seine (negativen) Wirkungen untersucht.

So wurde vor nicht allzu langer Zeit, nämlich im 20. Jahrhundert und besonders während des Wirtschaftsaufschwungs in den USA nach dem Zweiten Weltkrieg, eine Trennung zwischen der sogenannten privaten und der öffentlichen Sphäre hergestellt. Die *öffentliche* Sphäre assoziierte man mit der Welt der »Arbeit«, »Politik« und »Produktion«, die *private* mit »Intimität«, »Häuslichkeit« und »Reproduktion«. So wurde der öffentliche Raum zur Welt der Männer, der private zur Welt der Frauen erklärt – und klar unterschieden, wer in diesen beiden Sphären wofür verantwortlich war.[14] Die Trennung der Sphären brachte eine geschlechtsspezifische Aufteilung der Arbeit wie auch der Erholung von dieser Arbeit mit sich: Für die Arbeiten in der privaten Sphäre ordnete man den Frauen spezifische Formen der Vor- und Nachsorge (letztendlich der *Selbst*fürsorge) zu.

Das Multitasking, das aus dem Häuslichkeitskult nicht wegzudenken war, zog mutmaßlich ein potenzielles Übel nach sich: Es konnte das sexuelle Verlangen der Frau hemmen. Dieser misslichen Nebenwirkung galt es natürlich gegenzusteuern: Der Zusammenhang zwischen Multitasking, Stress, Ablenkbarkeit und geringem sexuellen Verlangen bei Frauen wird im Kontext der Selbstfürsorge und Selbsthilfe noch heute ausgiebig diskutiert (und häufig wird dann Sex als eine Form der Selbstfürsorge dargestellt). Bevor wir jedoch zum Zusammenhang zwischen Selfcare und der Steigerung sexueller Lust kommen, sollten wir uns ansehen, wie Multitasking an Haushaltsmanagement, Hauswirtschaft und Haushaltshygiene gekoppelt, Heim und Herd für (weiße) Frauen zur »Berufung« erklärt wurde – und vielleicht sogar als erstes Beispiel für eine persönliche oder Lifestyle-Marke gelten kann.

Die Optimierung der Hausfrau: Seit wann soll Achtsamkeit die Produktivität steigern?

Im Zusammenhang mit öffentlicher Sphäre und Arbeit in Fabrik oder Werkstatt wird häufig auf das sogenannte Scientific Management, auch Taylorismus genannt, verwiesen.

Diesem Managementkonzept zufolge lässt sich die Produktivität von Arbeitern steigern, wenn die Arbeitsabläufe genau gemessen werden: Wie viele Handbewegungen sind zum Beispiel nötig, um ein Werkstück auf dem Fließband zu montieren?

Wie viele Anschläge sind nötig, um ein Dokument zu tippen?

Wie schnell und effizient kann eine bestimmte Aufgabe in der Industrie erledigt werden?

---

13 DeLuca (2013).

14 Arbeitende Frauen of Color sprengen diesen Gegensatz schon seit jeher. Wir wollen hier die neoliberalen Gebote betrachten, die durch die *Logik* der Trennung zwischen öffentlichem und privatem Bereich zum Tragen kamen, aber wir wissen natürlich, dass sie historisch betrachtet nur über einen kurzen Zeitraum und geografisch begrenzt griff und den Erfahrungen der meisten Menschen zuwiderläuft.

Am tayloristischen Arbeitsplatz des Scientific Management standen (auch schon vor dem Fließband in Fords Automobilfabrik) Automation und *Optimierung* oder *Leistungssteigerung* im Mittelpunkt. Wenn der Manager ausrechnen konnte, wie lange es dauern *sollte*, einen bestimmten Arbeitsablauf zu erledigen, konnte er auch dafür sorgen, dass alle Arbeiter auf diesen Standard verpflichtet wurden. Außerdem konnte er die Zeiten der Arbeiter vergleichen und diese anspornen, die eigenen Rekorde zu brechen, also stets »ihr bestes Selbst« zu sein.

Diese Logik, die Leistung der Arbeiter zur Effizienzsteigerung miteinander und sogar mit sich selbst zu vergleichen, war natürlich per se ableistisch: Man legte ein Ideal fest und zwang im Namen der Produktivität den Beschäftigten normativ vorgegebene Verkörperlichungs- und Verhaltensmodi auf. Man beachte: Dieses Konzept besteht heute mit allen rassistischen, sexistischen, ableistischen, klassistischen und nationalistischen Konsequenzen in der Selbsthilfe und Selbstoptimierung der neoliberalen Wellness-Sphäre (»Sei dein bestes Selbst«) fort.

Abseits der öffentlichen Arbeitswelt und ihren Entwicklungen verrichteten andere (die wir überwiegend als Frauen bezeichnen würden) in der privaten, »intimen« Welt der eigenen Wohnung die Reproduktionsarbeit. Anders als die Männer in der fordistischen Fabrik oder im Büro erledigten sie nicht spezialisierte Arbeiten, sondern mussten sich ihre Aufgaben selbst geben. Weiße Hausfrauen aus der Mittelschicht waren Managerinnen ihres Haushalts; sie hatten die Aufgabe, Arbeiten, die im Haus erledigt werden mussten, zu hierarchisieren und diejenigen, die sie nicht selbst erledigen konnten, zu delegieren.

Die Sozialtheoretikerin Melissa Gregg, die auch in der Hightechbranche forscht, legt in *Counterproductive* (2018), ihrem Buch über Zeitmanagement und Wissensökonomie, dar, dass weiße Hausfrauen Anfang des 20. Jahrhunderts als Managerinnen wie auch als Arbeiterinnen tätig waren und, um ihre Aufgaben in den eigenen vier Wänden zu erledigen, multitasken und den Überblick behalten mussten. Diese Art des Multitasking gilt oft als moderneres Phänomen: Wir praktizieren es im *Plattform-* oder im *Kognitiven* Kapitalismus (einer von Software-Ingenieur*innen gestalteten und zunehmend dezentralisierten Wirtschaft und Gesellschaft). Viele Jobs werden heute ja auch online nach den Vorgaben der »Just in time«-Managementstrategien und einer ständig wachsenden Gig- oder »Sharing«-Ökonomie erledigt. Dabei ist die Fixierung auf das Multitasking – und seine weibliche Markierung – kein neues Phänomen (und auch nicht evolutionär bedingt).

Gregg legt überzeugend dar, dass Hausfrauen, um mit der beliebten Autorin Jia Tolentino zu sprechen, schon seit jeher »Optimierung ohne Ende« betreiben. In den 1950er Jahren waren sie klassische Managerinnen. Natürlich kommt so gut wie nie zur Sprache, welche Rolle arme Frauen, Frauen mit Behinderung, trans Frauen und Frauen of Color in diesem System des Delegierens spielten. Marginalisierte Frauen waren (in Haushalt und Alltag) fest in die Reproduktion eingebunden, und wenn sie sich zusätzlich zu ihren eigenen Aufgaben auch um die Kinder und Familien weißer Frauen kümmerten, mussten sie häufig im Verborgenen multitasken, es war für sie eine Frage des Überlebens. Neben der öffentlichen Sphäre mit ihren männlichen Arbeitern – später auch Angestellten – fand das verborgene private oder häusliche Management im frühen 20. Jahrhundert somit in Wahrheit auf zwei Ebenen statt: Da waren zum einen die weißen Frauen, die ihre Männer unterstützten, und zum anderen Frauen of Color, die hinter den Kulissen die Show am Laufen hielten.

Dennoch hieß es, die bürgerliche weiße Hausfrau habe für effizientes Haushaltsmanagement eine besondere Begabung. Und so entstand auch die angeblich vernünftige

Annahme, manchmal untermauert mit Argumenten aus der Evolution, dass Frauen eine Veranlagung zum Multitasking besäßen. Wie das gute Management belege, seien diese Frauen zur Hausfrau »berufen« und überhaupt gute *Frauen*, die mit ihren Management-Qualitäten strukturell dem gesamten Land dienten. Ein gastfreundlicher, gut organisierter und versorgter Haushalt (unbedingt geführt von einer anmutigen, frommen und fröhlichen Frau!) war ein integraler Bestandteil der »Euthenik«: Die Schwester der Eugenik war die Urform der Hauswirtschaft, in der es darum ging, nicht etwa das perfekte Individuum zu züchten, sondern *die perfekte Umgebung zu schaffen, in der es sich entfalten konnte*. Da die Euthenik letztendlich den Fortbestand der angeblich am höchsten entwickelten Mitglieder »des Menschengeschlechts« sichern sollte, war sie von Haus aus ein kolonialistisches, rassistisches, klassistisches, ableistisches und nationalistisches Unterfangen.

Die Managerinnen mit ihrer feminisierten Multitasking-Begabung mussten sich auf ihre Arbeit vorbereiten – und wieder Kraft tanken. Hausfrauen wurden angehalten, sich bei Tagesbeginn seelisch auf die anstehenden Aufgaben einzustimmen. In einem ungestörten Moment der Reflexion sollten sie die Pflichten des Tages priorisieren und darüber hinaus auch zu sich finden und sich erden. Da eine solche meditative Erfahrung die Effizienz steigerte, lohnte sich die Zeit des »Sammelns« allemal. Anfang bis Mitte des 20. Jahrhunderts galt in den postsäkularen USA die ordentliche Haushaltsführung als *Berufung per se* und als eine gleichsam spirituelle Erfahrung.

Und natürlich sollte die Arbeit mit einem Lächeln erledigt werden.

Wir wollen hier erstens festhalten, dass mit diesem Konzept der »Frauenarbeit« Produktivität nach und nach zum Selbstzweck wurde. Da Arbeit nicht mehr Bestandteil einer explizit protestantischen Ethik war, nahm sie einen spirituellen Charakter an und brachte eine ganz eigene Erfüllung mit sich. Durch diese Entwicklung verschmelzen in der weißen bürgerlichen Hausfrau das Öffentliche und das Private, Arbeit und Spiel; die Frau *findet Erfüllung*, indem sie *ihre eigene Marke schafft.*

Arbeit entwickelte sich zum Lifestyle. Sie war alles, Mittel *und* Zweck. Sauberkeit war etwas fast schon Göttliches. Die Arbeit weißer Frauen wurde erstmals dem mittleren Management zugeschrieben, in dem auch der »Aufstieg« ein Thema war – und die Frauen übernahmen diese Arbeit oft bereitwillig nicht nur im Namen ihres Mannes, ihrer Familie und des ganzen Landes, sondern auch zu ihrem eigenen Nutzen. Es war die Arbeit des aufkommenden weißen liberalen Feminismus.

Zweitens wurde Arbeit immer mehr zur Routine und ließ immer weniger »Freizeit«, sodass die Plackerei im dezentralen prekären Finanzkapitalismus nach Selbstfürsorge schrie. Das kündigte sich indes schon in früheren Phasen des Kapitalismus an, in denen die Hausfrau eine »Auszeit« brauchte, damit sie sich um sich selbst und anschließend ausgiebig und selbstlos um die Ihren kümmern konnte. Zwar werden diese Selfcare-Floskeln heute auf alle arbeitenden Bevölkerungsgruppen bezogen, doch diejenigen, die historisch betrachtet mit der sozialen Reproduktion *assoziiert* wurden (weiße cis Frauen der Mittel- und Oberschicht) *und* diejenigen, die im Lauf der Geschichte den Großteil der reproduktiven Knochenjobs tatsächlich *erledigt* haben (arme Frauen, Arbeiterinnen, Migrantinnen, Frauen of Color), brauchen oder wünschen sich Selbstfürsorge offenbar am meisten. So stehen heute zwei Formen der Selfcare ungelenk nebeneinander: Selbstfürsorge, die in marginalisierten Bevölkerungsgruppen radikal, gemeinwohlorientiert und unentbehrlich ist, und parallel dazu Selfcare-Märkte und Multi-Billionen-Dollar-Geschäftsfelder für die feminisierte Elite. Hier kommt nun auch die

Achtsamkeit ins Spiel (die uns allerdings mit dem Moment des »Sammelns« schon einmal begegnet ist). Achtsamkeit ist buchstäblich omnipräsent – das perfekte individualisierte Allheilmittel für alles, was uns plagt, der Weg zu einem *besseren* Ich.

Ericka Huggins und Angela Davis betrieben offenbar Meditation, Yoga und möglicherweise sogar Achtsamkeit – auch, als sie die Revolution radikaler Schwarzer Frauen anführten, und auch, als sie im Gefängnis saßen. Menschen, die traumatisiert sind, misshandelt wurden, sich abgerackert haben, helfen diese Praktiken. Manche erkennen in Achtsamkeit, Meditation und ganz allgemein »*loving kindness*« (der Güte gegenüber anderen) – auch am Arbeitsplatz – antikapitalistisches Potenzial für Zugewandtheit und Gemeinschaft. Wir haben da unsere Zweifel.[15] Können wir mittels Achtsamkeit kollektiv-revolutionär den Kapitalismus erschüttern oder hinter uns lassen? Oder soll sie uns in Wahrheit einfach nur dazu bringen, das nächste Mal noch härter zu arbeiten?

15 Oft hört man, vom Arbeitgeber verordnete Übungen in Achtsamkeit und Meditation, die Einrichtung von »Lebens-Arbeits-Räumen« in der Gig- und Sharing-Economy oder entspanntes morgendliches Tanzen vor der Arbeit, zum Beispiel mit »Daybreakers« (oft werden solche Maßnahmen von größeren »Wellness«-Firmen angeboten) könnten die monotone entfremdete Arbeitswelt wirklich verändern (Näheres dazu siehe Gregg 2018). Wir sehen hier kein großes radikales oder revolutionäres Potenzial, denn diese Angebote fügen sich nahtlos in den spätneoliberalen Kapitalismus ein und sollen in erster Linie den Beschäftigten helfen, ihre Arbeit zu bewältigen.

DIY-Medizin, jeden Tag, ohne Unterlass: Selbstkontrolle und die Widersprüche pausenloser Achtsamkeit

Achtsamkeits-Diskurse stecken voller Widersprüche. Der grundlegendste ist der, dass sie die *Akzeptanz* von Krankheitszuständen betonen, aber gleichzeitig neben der Behandlung auch *Heilung* bezwecken und versprechen.

Dem wichtigsten Achtsamkeitsgrundsatz in der buddhistischen Tradition zufolge sollen Kranke, um ihr Leid zu lindern, ihre Situation akzeptieren und negative Gefühle im Zusammenhang mit ihrer Krankheit vorüberziehen lassen und wertfrei wahrnehmen. In populären medizinischen Achtsamkeitstexten dagegen wird oft von Menschen berichtet, die ihre Krankheit »überwunden« haben (oder, noch unerhörter, denen eine »Optimierung« und »Steigerung« ihrer körperlichen Gesundheit, ihres Denkvermögens, ihrer sexuellen Lust und vielem mehr gelungen ist!). Solche Behauptungen sind zwiespältig und missverständlich, und so herrscht große Verwirrung darüber, worauf Achtsamkeit nun eigentlich abzielt: *care* oder *cure* – *Fürsorge* oder *Heilung*?

Auch in ihrem Verhältnis zur institutionellen Medizin sind die Aussagen zur Achtsamkeit widersprüchlich. Der Medizinsoziologin Kristin Barker zufolge wird Achtsamkeit zwar als Alternative zur Schulmedizin empfohlen, doch gleichzeitig untermauert sie die Macht der Medizin und verstärkt als eine Form der Selbstoptimierung die ausufernde *Medikalisierung* (also die Eigenwahrnehmung unter medizinischen Aspekten einschließlich Selbstdiagnose und Selbstbehandlung). Das Ganze wird nur als Teil der »Do-it-yourself«- oder »DIY«-Bewegung neu verpackt.

Dahinter steht folgende Vorstellung: In unserem Alltag,

der in zunehmendem Maße als pathologisch, stressig und *veränderungsbedürftig* gilt, können wir mittels Achtsamkeit Medikalisierung ganz für uns allein und praktisch pausenlos praktizieren. Das heißt, in einer Welt der kommerzialisierten Achtsamkeit dehnt sich der Bereich dessen, was im Leben als pathologisch, behandlungs- oder verbesserungswürdig wahrgenommen wird, (paradoxerweise) immer weiter aus.

An dem Ausmaß, in dem auch die Schulmedizin Achtsamkeit zunehmend in ihre Therapien einbezieht, lässt sich ablesen, wie stark sie bereits etabliert ist (zum Beispiel durch die breite Anwendung von Jon Kabat-Zinns Methoden in der Medizin, auf die wir gleich noch eingehen). Anlass für diesen Rückgriff auf komplementäre und alternative DIY-Medizin sind oft Ängste, Sorgen und die Frustration mit dem »modernen Leben«. Eins sei hier aber schon betont: Wenn Weiße erschöpft sind, rechtfertigt das nicht kulturelle Aneignung und Neokolonialismus – und erst recht nicht deren handfeste materielle Folgen und Schäden.

Ein weiterer Widerspruch des Achtsamkeitskonzeptes liegt darin, dass es »Stress« als entscheidenden pathologischen und krankmachenden Faktor hervorhebt. In den besonders populären Texten zur Achtsamkeit wird die gesellschaftliche und externe Welt häufig als *per se stressvoll* dargestellt, besonders im spätkapitalistischen Kontext, in dem wir von Hyperkonnektivität, Technisierung, pausenlosem Arbeiten und zu viel Multitasking erdrückt werden (und wie erwähnt scheint das Phänomen »zu viel Multitasking« besonders der »modernen Frau« zu schaden – so sehr, dass sogar ihre sexuelle Lust nachlässt!).

Darüber hinaus wird gern die Vorstellung verbreitet, mittels Achtsamkeit habe man seine körperliche und geistige Gesundheit *selbst im Griff.* Das so entstehende bösartige *Victim Blaming* und Sprüche wie »Zieh dich doch am eigenen Zopf aus dem Sumpf« passen gut zur neoliberalen Selbstoptimierung. Die Welt wird als *so verdammt stressig* dargestellt, aber wenn uns der Stress zusetzt (und selten wird in der populären Achtsamkeitsliteratur analysiert, wie höchst ungleich »Stress« nach Race, Klasse und Gender verteilt ist), müssen wir *etwas dagegen unternehmen*! Wir haben unser Schicksal selbst in der Hand.

Die Betonung einer »gesunden« Verbindung von Körper und Seele macht Achtsamkeit umso wichtiger: Man geht ja davon aus, dass die körperliche Gesundheit stark von einer »positiven« oder »negativen« Haltung beeinflusst wird. Somit sind wir alle letztlich selbst dafür verantwortlich, wie krank oder gesund wir sind (oder wie gut wir uns optimieren). Das gilt auch dann, wenn uns schreckliche Dinge widerfahren, die Menschen eben so erleben – allerdings nicht alle gleichermaßen, denn People of Color, Arme, trans Personen und Frauen (und besonders Menschen, die mehr als einer dieser Kategorien gleichzeitig angehören) erleben viel mehr Stressfaktoren und tägliche Traumata als privilegiertere Mitmenschen. Aber was soll's – nach obiger Logik kannst du mit einer positiven Einstellung und ein bisschen Achtsamkeit ja sogar deine biologische Veranlagung beeinflussen! »Wenn auch auf unterschiedliche Weise«, so Barker, »wird sowohl in der Schulmedizin als auch in der Achtsamkeit das Individuelle überbetont und das Soziale unterbewertet«.[16]

Achtsamkeit und sexuelles Wohl: »Potente«, »sinnliche« und »feminine« Frauen kommen

16 Barker (2014), S. 174.

Achtsamkeit – die ursprünglich dazu dienen sollte, sich negative Gefühle und Affekte wertfrei zu vergegenwärtigen und »vorüberziehen« zu lassen – trat in der neoliberalen Medizin und Gesundheitsoptimierung des Globalen Nordens erstmals Ende der 1970er Jahre in Erscheinung, als Jon Kabat-Zinn an der medizinischen Hochschule der University of Massachusetts seine Stress Reduction Clinic gründete. Kabat-Zinn, am MIT promovierter Molekularbiologe und Anti-Kriegs-Aktivist aus New York City, war durch seine Arbeit mit Zen-Missionaren und die Lektüre von Werken buddhistischer Achtsamkeits-Praktiker wie Thích Nhất Hạnh (bei dem er später auch eine Ausbildung absolvierte) mit Achtsamkeit und Meditation in Berührung gekommen. Seinen strukturierten achtwöchigen Kurs nannte Kabat-Zinn »Achtsamkeitsbasierte Stressreduktion« (Mindfulness-Based Stress Reduction – MBSR). Damit begann die vollständige Einbindung der Achtsamkeit in den wissenschaftlichen und medizinischen Bereich.

Kabat-Zinns Bücher sind bis heute Bestseller, auch sein erstes aus dem Jahr 1990, *Gesund durch Meditation: Das große Buch der Selbstheilung mit MBSR.*[17] Eine Liste der fünfzig besten Bücher über Achtsamkeit auf positivepsychology.com aus dem Januar 2020 widmet Kabat-Zinns Werken einen eigenen Abschnitt, weil er »für die Popularisierung der Achtsamkeitslehren im Westen die zentrale Fi-

---

17 Interessanterweise lautete der Originaltitel dieses Buches mal *Full Catastrophe Living: Using the Wisdom of Your Body and Mind to Face Stress, Pain, and Illness* und mal *Full Catastrophe Living: How to cope with stress, pain and illness using mindfulness meditation.* Wir konnten keine Erklärung dafür finden, warum das Wort »*cope*« (»meistern«) aus einigen Auflagen verschwunden ist. Vielleicht hat der Autor (oder sein Verlag) gemerkt, dass dieses Wort eine negative Konnotation in sich trägt.

gur ist und so viele wertvolle Bücher geschrieben hat, dass man für diese Liste nicht nur eines herauspicken kann«. Kabat-Zinns verwestlichte Achtsamkeitslehre bildet nicht nur eine Säule der komplementären und alternativen Medizin und Heilpraxis, sondern hat auch in eher schulmedizinischen Institutionen Fuß gefasst. Sie ist ein typischer Bestandteil der heutigen Mischung aus klassisch medizinischen und alternativen Methoden. Kabat-Zinns Konzepte für Achtsamkeit und Stressreduktion wurden in die medizinische Behandlung aller möglichen Erkrankungen aufgenommen, von chronischem Schmerz über Angst, Depression und Borderline-Persönlichkeitsstörung bis hin zu Lustdefizit und sexuellen Funktionsstörungen der Frau.

In der Psychologie gilt Achtsamkeit als »dritte Welle« der Verhaltenstherapie und wird häufig gemeinsam mit der kognitiven Verhaltenstherapie (KVT) eingesetzt, daher die Bezeichnung Achtsamkeitsbasierte Kognitive Verhaltenstherapie. Hinter der KVT steht die Vorstellung, dass man die eigenen Gedankenmuster beeinflussen und so eine Verhaltensänderung und eine Verbesserung der Lebensqualität erreichen kann. Nachdem die KVT in der zweiten Hälfte des 20. Jahrhunderts (gemeinsam mit der Psychopharmakologie) die Psychoanalyse abgelöst hat, ist sie heute die wichtigste Säule der Psychotherapie.

Aber: Die verwestlichte Achtsamkeit, die dabei helfen sollte, negative Gedanken wertfrei vorüberziehen zu lassen, *ohne* sie zu beeinflussen, steht im Widerspruch zur Verhaltenstherapie, die auf kognitive Umstrukturierung und Verhaltensänderung abzielt. Die beiden Methoden wollen nicht recht zueinander passen. Deshalb darf es nicht erstaunen, dass Achtsamkeit häufig zielorientierter eingesetzt wird als ursprünglich beabsichtigt, als Mittel zu einem rational erfassten Zweck (und dieser Zweck ist eine Verhaltensänderung und eine Modifizierung von Ich, Leben und Identität). Die Populärpsychologie verbindet

Achtsamkeit häufig mit dem Erzielen von »Flow«-Zuständen, und in den letzten dreißig Jahren haben sich »Achtsamkeit«, »Flow« und »Gegenwärtigsein«, ergänzt durch »Aufmerksamkeit« und sogar den buddhistischen Begriff »Metta« (englisch *loving-kindness*), zu Schlüsselbegriffen der Komplementär- und Alternativmedizin (KAM) entwickelt. Achtsamkeit wird als eine Art Allheilmittel für den überarbeiteten, reizüberfluteten und gefühlsentleerten Menschen angepriesen – und besonders gut soll sie den verstörten und überforderten Multitasker(inne)n helfen.

Schon um die Jahrtausendwende sollte uns Achtsamkeit als fester Bestandteil eines jeden ordentlichen Selfcare-Programms helfen, bei Verstand (und – paradoxerweise – bei der Aufgabe) zu bleiben. Und da auch regelmäßiger Geschlechtsverkehr der Gesundheit und dem Wohlbefinden förderlich sein soll, wurden Achtsamkeitsübungen in zunehmendem Maße dazu genutzt, die Lust zu steigern und die Sexualität zu verbessern – die Adressat*innen waren vor allem Frauen (hetero, cis und natürlich mit geringem sexuellen Verlangen). Programme für die weibliche Ermächtigung und Selbstfürsorge, die Achtsamkeit mit Luststeigerung und sexueller Optimierung verbanden, entwickelten sich zu einem Erfolgsrezept für die überreizte Frau von heute.

Nachdem Achtsamkeit in der Sexualgesundheit zunächst in der Schmerztherapie nach gynäkologischen Operationen eingesetzt wurde, kommt sie heute vielfach in der Behandlung von Libidostörungen zum Tragen – und richtet sich in den letzten gut zwanzig Jahren seit Aufnahme in die Leitlinien vor allem an cisgender Frauen. In einem Interview mit der Mutter des achtsamen Sex, Lori Brotto aus Vancouver, für das *New York Times Magazine* stellt der Journalist Daniel Bergner 2009 die Geburtsstunde der achtsamkeitsbasierten Sexualtherapie (Mindful-Based Sex Therapy, MBST) als Behandlung für Libidostörungen bei Frauen so dar:

> Eines Tages probierte Brotto in ihrem Yogakurs die Kombination [aus Achtsamkeit und kognitiver Verhaltensänderung] aus. Sie machte ihre üblichen Yogaübungen, allerdings mit einer »kognitiven Neuausrichtung« [...]. Sie wiederholte »immer wieder wie ein Mantra«, dass sie eine besonders sexuell aktive Frau sei und »ein hohes Maß an Lust und Responsivität erreichen könne«. Und sie spürte, so erzählte sie, die bewusste Intention, »nicht nur mehr als im Yoga üblich auf meinen Körper zu hören, sondern *die Zeichen meines Körpers auch als Zeichen meiner sexuellen Identität zu interpretieren*« [unsere Kursivierung].

Angesichts dieses Berichts einer approbierten Medizinerin – Brotto ist bis heute eine der profiliertesten, angesehensten und bekanntesten Vertreterinnen der Sexualtherapie und Sexualforschung (bei der Google-Suche nach »*mindfulness*«, »*women*« und »*desire*« stellt sie den ersten Treffer) – empfiehlt es sich, die Anwendung von Achtsamkeitstraining und kognitiver Verhaltenstherapie für die Luststeigerung einmal genauer zu betrachten.

Achtsamer Sex spielt sowohl in der klassischen als auch in der komplementären und alternativen Medizin eine immer wichtigere Rolle. Neben achtsamem Essen, Trinken und Kindererziehen entwickelt sich auch die achtsame Sexualität zu einem Schlüsselbegriff unserer Zeit. Der allgegenwärtige Achtsamkeitsdiskurs befasst sich regelmäßig auch mit der Libidosteigerung und dem Wunsch, *sexuell* das »beste Selbst« zu erreichen – für Gesundheit, Genuss und Glück. Achtsamkeitstechniken sind allseits verfügbar, sei es in medikalisierter, wissenschaftlich fundierter und eher seriöser Form, etwa in der bereits erwähnten achtsamkeitsbasierten Sexualtherapie (MBST) und anderen gesundheitspädagogischen Angeboten, sei es auf den Online-Selbsthilfekanälen in Form populärer Varianten, deren Wirkung von der klinischen Medizin und Wissenschaft offenbar nur selten überprüft wird.

Doch diese Pole (klinische Medizin hier, Internet-Selbsthilfe dort) nähern sich einander immer mehr an. Paradoxerweise markiert die Achtsamkeit somit nicht nur eine Abkehr von der vorherrschenden Schulmedizin, sondern gleichzeitig auch eine *Hinwendung* zu einer überdeterminierten und omnipräsenten Institutionalisierung der (alternativen) Medizin. Achtsamkeit verbindet mittlerweile Quacksalberei und Goop auf der einen Seite und seriöse wissenschaftliche Forschung und klinische Therapie auf der anderen Seite.

Obwohl die Achtsamkeitspraxis oft als gender-, race- und klassenneutral dargestellt wird (»Achtsamkeit ist für alle!«), richtet sich ihre praktische Anwendung (auch diejenige, die sich aus den frühesten, für den Westen adaptierten Texten Kabat-Zinns und anderer ableitet) meist an cis Frauen. Nicht nur das angesprochene Publikum ist weiblich, auch die Achtsamkeit selbst und ihr möglichst wirkungsvoller Einsatz kommen oft genderspezifisch daher. Das gilt insbesondere im Bereich des sexuellen Wohlbefindens, für das gern eine »evolutionär« verbrämte Geschlechterbinarität ins Feld geführt beziehungsweise auch einfach als Hintergrundwissen vorausgesetzt wird.

Häufig wird alles auf die einfache Formel reduziert: »Männer = große/aktive Libido + Frauen = geringe/rezeptive Libido«. Und speziell entwickelte Achtsamkeitsprogramme richten sich an die beiden Seiten dieser (weißen, heterosexuellen, bourgeoisen) Geschlechtergleichung.

Ein typisches Beispiel ist der TED-Talk »The Power of Mindful Sex« von Tantra-Guru Diana Richardson, der 2018 aufgezeichnet wurde. Seit der Vortrag auf YouTube hochgeladen wurde, verzeichnet er (da wir dies schreiben) mehr als 800.000 Aufrufe, dem noch viele folgen werden, und Hunderte von Kommentaren, die meisten begeistert und voll des Lobes. Richardson, die sich als Autorin mehrerer Bestseller zu Achtsamkeit und Sexualität einen Namen gemacht hat, setzt achtsamen Sex von »zielorientiertem« Sex ab, auf den die meisten Menschen fixiert seien. Sie legt dar, wie Paare die Prinzipien von Achtsamkeit, Meditation und Tantra auf ihr Liebesleben anwenden können, räumt allerdings ein, dass sie in der Sexualtherapie überwiegend mit heterosexuellen cis Paaren arbeitet (auch wenn sie diese Begriffe nicht verwendet).

Obwohl laut Richardson Achtsamkeit unabhängig von sexueller Orientierung und Gender für die Sexualität aller Paare nutzbar gemacht werden kann, konzentriert sie sich in ihrem Konzept klar auf heterosexuelle cis Männer und Frauen und geht in ihrem Vortrag wiederholt auf die Unterschiede zwischen »männlichen« und »weiblichen« Haltungen zur Sexualität ein. Nicht nur ist diese Gegenüberstellung von Männlichkeit und Weiblichkeit verkürzt, auch die verwendeten Begriffe sind westlich und weiß geprägt. Historisch betrachtet wurde die »weibliche« Seite der Geschlechterbinarität ausdrücklich mit weißen Frauen assoziiert, die meist als sexuell rezeptiv oder passiv dargestellt wurden (anders als Women of Color und insbesondere Schwarze Frauen, die eher als asexuell und/oder genderlos, in einigen Fällen auch als sexuell aggressiv oder hypersexuell galten).[18]

Richardson nennt für die Anwendung von Achtsamkeit

18 Eine ausführliche Darstellung der Genderbinarität und ihrer Verankerung im westlichen weißen Siedlerkolonialismus und in der rassistischen Wissenschaft findet sich bei Hartman (1997), Lugones (2007, 2010), Maldonado-Torres (2016), Markowitz (2001), McWhorter (2004, 2009), Snorton (2017), Somerville (1994, 2000), Spillers (1987) sowie Tlostanova und Mignolo (2012).

auf die Sexualität neun Grundprinzipien und beschwört in diesem Zusammenhang eine »rezeptive Weiblichkeit«. Auch das ist ein Schlüsselbegriff in wissenschaftlichen und klinischen Studien zur weiblichen Sexualität (dazu gleich mehr). Sie rät, Zeit für Sex zu reservieren – »verabreden Sie ein Date, planen Sie mindestens zwei bis drei ungestörte Stunden ein« –, und fährt fort:

> Das tut Frauen sehr gut, weil der weibliche Körper viel länger braucht als der männliche, bis er warm ist und offen für Sex [...]. Wenn der weibliche Körper offen und bereit ist, wirkt sich das für beide absolut positiv aus [...]. Für Männer ist ein Date sehr hilfreich, weil sie oft durch die Gegend rennen und sich ständig fragen, wann sie wieder Sex haben werden [das Publikum lacht gemeinsam mit Richardson] ... wirklich! [...] Wenn er weiß, dass es morgen passiert oder heute Abend, ist er gleich viel entspannter, präsenter, geerdet, bei sich – und bei *Ihnen*! [Mit »Ihnen« ist der cis-weibliche Teil des unausgesprochen cisgender-heterosexuellen Paares gemeint.]

Der letzte Satz bringt die Genderstereotypen dieses sexualtherapeutischen Konzepts besonders klar zum Ausdruck: Achtsamer Sex ist etwas für Frauen. Wir nehmen mit, dass Männer auch ohne ganz gut klar kämen, Frauen dagegen darauf angewiesen sind. Und wenn die Frau glücklich ist, dann ist auch der Mann gleich viel glücklicher! (Weil ihm seine anstrengende Partnerin dann nicht so auf die Nerven geht?)

Dass hier die Beteiligten cis und heterosexuell sind und penetrativen penil-vaginalen Geschlechtsverkehr anstreben, wird zumindest angedeutet, hier und da aber auch explizit gesagt: Im weiteren Verlauf ihres Vortrags über die Grundprinzipien des achtsamen Sex erwähnt Richardson auch, wie wichtig es ist, geeignete Lubrikation zu verwenden und sich beim Eindringen Zeit zu lassen (ähm), damit jeder Augenblick bewusst und achtsam wahrgenommen wird. Dieser achtsame Sex ist eindeutig cis-hetero und penetrativ.

Richardson beendet ihren Vortrag mit den Worten: »Ich will euch hier [...] eine lebensverändernde Wahrheit nahebringen: Achtsamkeit beim Sex schafft Liebe, erzeugt Liebe und stärkt Bindung [...]. Lasst uns die wahre sexuelle Revolution beginnen und der Menschheit eine neue Erfahrungswelt eröffnen – eine Welt, in der Paare harmonisch miteinander umgehen, in der ihr Sex besser wird, je länger sie zusammen sind, in der Sex Heilung, Bindung, Zuversicht und Klarheit schafft [...], in der Sex Liebe und Frieden auf Erden bringt.« Achtsamkeit richtet sich hier nicht nur an weiße Elitefrauen, nein, sie soll diese Frauen auch heilen, sie und ihre Beziehung und ihre Familie und möglicherweise sogar die gesamte Institution der Heterosexualität.[19] Achtsamer Sex könnte verdammt nochmal den Planeten retten!

Wie Richardsons Vortrag vermischt die Welt der achtsamen Sexualität insgesamt populäre Angebote mit klassischer Wissenschaft.[20] Neben Frauenzeitschriften, Podcasts

19 Zu neueren kritischen Betrachtungen dieser genderspezifischen Sicht der Heterosexualität siehe Spurgas (2020) und Ward (2020).

20 Anders als bei Brotto, die eine renommierte Forscherin und approbierte Sexualtherapeutin ist, sind Richardsons Referenzen (abgesehen von einem Jurastudium?) unklar, was auch für viele andere gilt, die sich in der populären Arena des achtsamen Sex tummeln. Ein weiteres Beispiel für eine populäre Vertreterin ist die Schauspielerin Jessica Graham, die als Coach für achtsamen Sex tätig ist, das Buch *Good Sex: Getting Off Without Check Out* (2017) verfasst hat und in mehreren Podcasts auftrat, darunter in den sehr beliebten Podcasts »Multiamory«, »Together« und »The Embodiment«. Vor kurzem ist auch Brotto mit dem Bestseller *Better Sex Through Mindfulness: How Women Can Cultivate Desire* (2018), mit dem sie (cis

und Selbsthilfeplattformen umfasst sie auch wissenschaftliche Studien, die für all das die Grundlagen legen (und auch einige eher populäre Arbeiten stammen von Fachleuten aus Medizin und Forschung oder verweisen zumindest auf deren Erkenntnisse). In diesem gesamten Bereich sind die weißen und cis-heteronormativen Genderstereotype nicht zu übersehen.

Seit Beginn des 21. Jahrhunderts haben sich in Forschung, klinischer Medizin und Therapie eigene Zweige entwickelt, in denen Achtsamkeitstechniken standardmäßig für die Sexualtherapie angewendet werden. Und wie erwähnt befassten sich Studien zur »Wirksamkeit« achtsamer Sexualität (bis vor kurzem) fast ausschließlich mit cis Frauen, was überwiegend auf die entsprechenden wissenschaftlichen Konzepte zurückzuführen ist, die weibliche Sexualität als reaktiv, rezeptiv und diskordant einordnen. Das heißt, es herrscht eine vermeintliche Abkoppelung oder Diskrepanz zwischen *subjektiver Lust* (geringer psychischer Libido) der (meist heterosexuellen) Frau und *objektiver physiologischer Erregung* (dem immer schon erregten Körper).[21] Eine angeblich responsive, rezeptive und diskordante weibliche Lust schreit ja geradezu nach Behandlung – oder Management? – durch Achtsamkeit.

Der langjährige britische Sexualtherapeut David Goldmeier, der Achtsamkeitstechniken und Meditation einsetzt,

---

weiblichen) Laien helfen möchte, ihre Lust zu steigern, in die Domäne der populären Selbsthilfe eingestiegen; sie ist zudem in der Netflix-Dokuserie *The Principles of Pleasure* aus dem Jahr 2022 zu sehen.

21 Zu den bekanntesten Forschungen zur weiblichen Diskordanz gehören die Arbeiten von Ellen Laan und Meredith Chivers; ein besonders markantes Beispiel ist Chivers u. a. (2010). Zu den Grundlagen »responsiver« und »zirkulärer« Lust der Frau siehe Basson (2000). Eine kritische Betrachtung dieses »feminisierten responsiven Lustmodells« findet sich bei Spurgas (2020).

fasste das 2013 in einem Artikel wunderbar zusammen. Über die von der kanadischen Sexualtherapeutin und Forscherin Rosemary Basson entwickelte Theorie der »responsiven Lust« in einem »zirkulären sexuellen Reaktionszyklus« schreibt er: »Nach Bassons (2000) Begriff der ›responsiven Lust‹ ist die Frau emotional bereit zum einvernehmlichen Geschlechtsverkehr, obwohl sie, zum Zeitpunkt, an dem sie die körperliche Interaktion initiiert, zunächst weder Lust noch Erregung verspürt. So kann sie die sexuelle Erregung durch Stimulation der Brust beim Vorspiel sogar als recht aversiv empfinden, ehe sie darauf anspricht. Achtsamkeit kann ihr dabei helfen zu lernen, diese ersten aversiven körperlichen und emotionalen Empfindungen auszuhalten, bis die Erregung und die responsive Lust einsetzen.«

Wenn es letztlich darum geht, mittels Meditation, Achtsamkeit, manchmal auch »*loving-kindness*« präsent zu sein und sich und die Welt um sich herum wertfrei wahrzunehmen, um die verlorene Harmonie von Geist und Körper wiederherzustellen, dann ist es nur logisch, dass sich die Achtsamkeitsarbeit – auch die sexuelle – in erster Linie an Frauen wendet. Immerhin werden Frauen seit jeher Dissonanz, Dissoziation und Diskordanz zugeschrieben, obwohl (oder vielleicht weil?) sie doch so gut im Multitasking sind.

Die Feminisierung der Achtsamkeit ist in vielen Lebensbereichen unübersehbar: Auch Methoden der achtsamen Erziehung und der achtsamen Ernährung richten sich an Frauen, die den größeren Teil der Haus-, Reproduktions- und Care-Arbeit übernehmen und daher auch Adressatinnen der meisten Körperoptimierungs- und Diätangebote sind. Besonders deutlich aber zeigt sich das im Bereich des achtsamen Sex und der Libidosteigerung. Oft heißt es, eine Frau solle ihre angeborene, aber verschüttete »sexuelle Kraft« oder »Erregbarkeit« erschließen und ihre Identität restrukturieren, damit sie sich als »besonders sexuelle Frau« erleben – und so »ihren Sexualtrieb freisetzen« – kann.[22] Dabei hilft ihr Achtsamkeit, das heißt, sie soll »aufmerksam sein und sich auf die ›Wahrheit‹ ihrer gegenwärtigen körperlichen Empfindungen und Gefühle einstimmen«.[23] Auch hier dominiert allerdings die Vorstellung, Frauen seien von Natur aus zerrissen, Geist und Körper müssten neu aufeinander ausgerichtet werden – und als besonders problematisch gilt diese Disharmonie, wenn sie »erfolgreichen« Sex verhindert.

Über die Sexualität soll die Frau somit nicht nur einen implizit cis-heterosexuellen männlichen Partner glücklich machen, sondern auch für sich das beste Leben, das beste Selbst erreichen. Es geht um (den eigenen) Genuss und (Selbst-)Fürsorge. Aber der Weg zu Genuss und Fürsorge führt wunderlicherweise über Selbstmanagement mit dem Ziel der Optimierung und Selbstdisziplin. Und paradoxerweise sind sie Mittel zum Zweck, wobei der Zweck verschiedenste Gestalt annehmen kann: »erfolgreicher« penil-vaginaler Geschlechtsverkehr, eine harmonische Beziehung oder sogar die Wiederherstellung einer glücklichen, intakten, stabilen und prosperierenden Gesellschaft. Wahnsinn, Ladys! Von eurer Lust hängt so viel ab – fangt mal gleich mit dem Meditieren an! Und zwar zack zack.

Entsage deiner Lust / Steigere deine Lust: Buddhismus, Meditation und »Wahnsinns-Sex«

Mit diesen Paradoxien steht der achtsame Sex auch im Widerspruch zu den buddhistischen Lehren, aus denen sich die »Achtsamkeit« ableitet, denn sie betonen Askese, Ein-

22 Bergner (2009).

23 Brotto (2018), S. 2, 8.

kehr und das Abschwächen des sexuellen Verlangens.

In einem Essay aus dem Jahr 2017 legt der Buddhismus-Historiker Jeff Wilson dar, dass moderne Achtsamkeit auf die Meditation in der Theravada-Tradition zurückgeht. Diese nutze insbesondere die Vipassana- oder Einsichts-Meditation, um Achtsamkeit in allen Lebensbereichen zu fördern. In der gebräuchlichsten, nämlich der klösterlichen Praxis war Achtsamkeit allerdings »darauf ausgerichtet, Losgelöstheit und Gleichmut zu entwickeln, um in der Folge die Sinneslüste zu dämpfen und schließlich Begierdelosigkeit und Nirvana zu erreichen«.[24] Hier verbirgt sich das zentrale Paradoxon: Eine Methode, mit der ursprünglich die Profanität des Lebens, der inhärente Zustand fortdauernden Leids und sogar die Fleischeslust überwunden werden sollte, um sich der *Entsagung* von Lust und Genuss zu nähern, soll nun »fantastischen« Sex ermöglichen. Und statt mit den entsprechenden Techniken ernsthafte Funktionsstörungen, Krankheiten und Beeinträchtigungen (zum Beispiel nach gynäkologischen Krebserkrankungen) zu behandeln, will man damit »den alltäglichen Sex verbessern«. Die gesamte Branche des achtsamen Sex ist tief im Kolonialismus verwurzelt und betreibt kulturelle Aneignung: Östliche Meditationspraktiken werden im neoliberalen Bezugsrahmen durch die Linse westlicher kultureller Werte und Überzeugungen interpretiert.

Wilson weist auch darauf hin, dass achtsamer Sex ohne Wenn und Aber als »Praxis für die Frau« dargestellt wird:

> An der Strömung des achtsamen Sex fällt besonders ihre stark genderspezifische Ausrichtung auf. [...] Während die sexuellen Probleme von Männern mit kleinen blauen Pillen behandelt werden, entpuppt sich das sogenannte rosa Viagra als buddhistische Meditationspraxis.

24 Wilson (2017), S. 155.

> […] In wissenschaftlichen Studien spiegelt sich eine gesellschaftliche Sichtweise wider, nach der Männer von Natur aus oft Sex wollen und genießen, jedoch, wenn sie älter werden, gelegentlich unter biologischen Defiziten leiden (die sich aber chemisch behandeln lassen), Frauen dagegen in allen Lebensphasen hin- und hergerissen sind, ob sie überhaupt Sex haben wollen, und ihn oft nicht genießen. Die Probleme der Männer seien körperlicher Art, heißt es, die der Frauen psychisch bedingt […].[25]

Wilson geht zwar weder auf die oben erwähnten geschlechtsspezifischen sexuellen Reaktionszyklen ein, noch auf die These, dass Frauen grundsätzlich eher »responsiv« oder »rezeptiv« seien und zu einer Körper-Geist-Diskordanz neigten. Doch er zeigt auf, wie stark das gesamte System des achtsamen Sex auf cis Frauen ausgerichtet ist und auf welchen Grundlagen diese Sicht beruht. Die beiden Bereiche der experimentellen Studien, der klinischen Forschung und der Sexualtherapie einerseits (für die früher die Schulmedizin zuständig war) und der populären Selbsthilfe in Internet und Medien andererseits (für die früher Nichtmediziner*innen, Journalist*innen und Bestsellerautor*innen populärer Psychoratgeber zuständig waren) gehen zunehmend ineinander über, sodass sie oft nicht mehr zu unterscheiden sind.

Onlineangebote für Selbstdiagnose und Selbstmanagement verschärfen dieses Problem, denn im Internet ist kaum noch erkennbar, wo medizinische Informationen (oder alternative Gesundheits- und Wellnessratschläge) eigentlich herkommen. Die Botschaft ist ohnehin immer dieselbe: Du hast dein sexuelles Schicksal selbst in der Hand. Die Lust steht dir offen. Und auf jeden Fall solltest du ge-

25 Ebd., S. 165.

zielt danach streben, deine Lust zu steigern und »fantastischen« Sex zu haben, denn das ist gut für Gesundheit, Glück und Produktivität (von der Gesundheit deines Partners, deiner Beziehung, deiner Kinder und der Gesellschaft einmal ganz zu schweigen).

Angesichts dieser rationalen zweckorientierten Sicht auf Gesundheit und Libidosteigerung sogar in alternativen Gesundheitsströmungen darf es nicht verwundern, dass Achtsamkeit, Sexualtherapie und kognitive Verhaltenstherapie mittlerweile miteinander verschmelzen.

William Masters und Virginia Johnson bereiteten der zweiten Welle der Sexualwissenschaft den Weg. In ihrem bahnbrechenden Buch *Die sexuelle Reaktion*, das in den USA 1966 [in deutscher Übersetzung 1967, a.d.Ü.] erschien, empfahlen sie sogenannte »Sensate Focus«-Techniken [Sensualitätsübungen], um zum körperlichen Gegenwärtigsein mit einer anderen Person zu gelangen, ohne die sexuelle Lust beider Beteiligter allzu sehr in den Mittelpunkt zu stellen. Mithilfe dieser Technik sollte eine emotionale Angstreaktion vom Geschlechtsakt entkoppelt werden, damit Menschen mit gestörter Sexualität ihre Ängste und damit auch ihre sexuelle Funktionsstörung überwinden konnten. Heute hört man aus der Praxis oft, Masters und Johnson hätten mit ihren »Sensualitätsübungen« das Konzept der Achtsamkeit als Erste in der Sexualtherapie angewendet. Lange ehe es cool wurde, bezogen die beiden bereits Mitte des 20. Jahrhunderts Achtsamkeit und Meditation in die experimentelle und therapeutische Medizin ein. Das beweist einmal mehr, dass die Verschmelzung von Komplementär- und Alternativmedizin mit der Schulmedizin sehr weit zurückreicht: Masters' und Johnsons Methode war zielorientiert und sprach Menschen an, die bereitwillig »neue« (sprich: vereinnahmte/verwestlichte) Techniken ausprobierten.

Heutzutage richtet sich Sexualtherapie meist an Einzelpersonen. Paare gehen selten gemeinsam zur Therapie, um an ihren Problemen zu arbeiten, sondern bemühen sich getrennt um Diagnosen. Die Komplementär- und Alternativmedizin gewinnt weiter an Popularität und Verbreitung und wird in die Schulmedizin integriert. Es lässt sich schwer erkennen, wo die Schulmedizin aufhört und wo die Komplementär- und Alternativmedizin anfängt: Die beiden Bereiche beeinflussen einander und sind kaum noch zu unterscheiden. Männer und Frauen werden mit diversen Selbsthilfe- und Selbstoptimierungstechniken angesprochen, und die Angebote für elitäre, weiße, cis-hetero Frauen (die in diesem Diskurs »alle Frauen« repräsentieren) zielen darauf ab, die »rezeptive [weibliche] Lust« zu verstärken.

Vor diesem Hintergrund ist es nur logisch, dass es die Frauen sind, die über achtsame Sexualpraktiken gebieten und im neoliberalen Optimierungssystem dazu angehalten sind, mittels Achtsamkeit an ihrer Sexualität zu arbeiten – im Namen des eigenen Genusses, im Namen der *Selbstfürsorge.* »Optimierung ohne Ende«, wie Tolentino es formuliert, heißt, dass ihr, weiße Ladys, euren Körper, eure Lust und auch euer Sexleben optimieren könnt und sollt.

Und vergessen wir nicht, dass Achtsamkeit im 21. Jahrhundert als wichtiges Instrument weiblichen Empowerments gilt – sie bringt »Girl Power«. Der Rückgriff auf warenförmige Komplementär- und Alternativmedizin steht angeblich im Zeichen der neuen »vierten Welle des Feminismus« – diesen Begriff verwenden sogar die kapitalistischen Gesundheits- und Wellness-Trendtracker. Dieser merkwürdige Widerspruch ergibt sich aus einer Verkürzung von Weiblichkeit und weiblicher Sexualität auf cis-hetero Frauen und, wie wir im nächsten Kapitel ausführen werden, auch auf bürgerliche weiße Frauen, die geografisch im Globalen Norden angesiedelt sind.

Was sollen wir von diesen Widersprüchen rund um

achtsamen Sex halten, von dieser merkwürdigen Entwicklung, die von asketischen buddhistischen Meditationspraktiken zur achtsamen Steigerung »rezeptiver« Lust im Namen feministischer Selfcare führt? Finden sich in der Welt der Komplementär- und Alternativmedizin noch mehr solcher Widersprüche? Und, die dringendste Frage: Gibt es andere Optionen – weniger Ausbeutung, mehr Dekolonisierung?

Achtsamkeit, Meditation und Yoga dekolonisieren: Wie machen wir das? Geht das überhaupt?

Wir haben gesehen, wie Achtsamkeit als Methode für die Weiterentwicklung und Optimierung (weißer) Weiblichkeit vermarktet wird. Am Ende dieses Kapitels möchten wir nun auf einige Fragen und Themen eingehen, die wir bereits aufgeworfen haben.

Wie erwähnt, haben die berühmten Frontfrauen der Black Panther Party Ericka Huggins und Angela Davis Yoga, Meditation und Achtsamkeit betrieben, als sie wegen ihrer revolutionären politischen Aktionen inhaftiert waren. Und wir haben gefragt: Ist es möglich, Achtsamkeit in kollektivistischer und revolutionärer Weise zu nutzen, um den rassistischen Kapitalismus und Kolonialismus zu brechen oder sich davon zu befreien? Oder sollen uns Achtsamkeitstechniken in Wahrheit nur dazu bringen, beim nächsten Mal noch härter zu arbeiten?

Natürlich ist uns bewusst, dass viele Menschen Achtsamkeit zu schätzen wissen und Meditation bei einigen Leiden und Beschwerden wirklich helfen kann. Und zugegeben, wir haben hier die kommerzialisierte weiße Eliteversion sozusagen durch den Dreck gezogen (na ja, sie hat es halt auch verdient). Aber diese Methoden werden im politischen Aktivismus oft mit völlig anderer Motivation eingesetzt. Soll heißen: Großartige Menschen, die sich unter anderem für soziale Gerechtigkeit und BIPoC-Rechte stark machen, empfehlen Achtsamkeit und Meditation zur Unterstützung ihrer Arbeit. Das Problem ist aber, dass sie heute schlicht zu oft zum Einsatz kommen (siehe oben) – und meistens eben *nicht* mit dem Ziel, soziale Gerechtigkeit herzustellen.

In einem YouTube-Video, das 2018 auf dem Kanal von Afropunk gepostet wurde, plädiert Angela Davis dafür, radikale Selbstfürsorge im Sinne einer nachhaltigen und fortlaufenden Arbeit fest in den Kampf für kollektive soziale Gerechtigkeit und Gleichberechtigung zu integrieren:

> [Wenn wir radikale Selbstfürsorge betreiben,] können wir unser gesamtes Selbst in die Bewegung einbringen. Wir lassen in unserer aktivistischen Arbeit gezielt Raum dafür, Traumata anzuerkennen und hoffentlich auch zu überwinden. Das ist ein ganzheitlicher Ansatz [...]. Wir müssen uns klarmachen, dass wir im Zuge unseres Kampfes ja eine künftige Welt vorherzusagen versuchen. Und in dieser künftigen Welt sollten wir uns zu Kollektivität, Verbundenheit, Beziehungen und Freude bekennen. Wenn wir jetzt nicht damit anfangen, kollektive Selbstfürsorge zu praktizieren, können wir uns eine Zeit der Freiheit gar nicht vorstellen, geschweige denn erreichen.

Davis macht hier deutlich, wie wichtig Selbstfürsorge für das Kollektiv ist. Und zwar nicht, damit wir maximal fantastischen Sex haben, unsere Kernfamilie oder unseren Liebespartner glücklich machen und bei der Arbeit mehr Leistung bringen. Vielmehr brauchen wir sie langfristig, damit die einzelnen Menschen, aus denen ein größeres Kollektiv besteht, sich ihre Energie, ihr tiefes Glück und ihr Wohlbefinden bewahren können. Wie Davis unterstreicht, sind

Gesundheit und Wohlbefinden des Individuums immer mit der Gesundheit und dem Wohlbefinden anderer verknüpft. Wir können uns um uns selbst kümmern und gleichzeitig füreinander sorgen – ja, beides sind Bestandteile desselben Projekts.

Diese Selbstfürsorge unterscheidet sich grundlegend von allem, was wir uns bisher genauer angesehen haben.

Davis erklärt explizit, dass sie im Gefängnis Yoga machte und meditierte, und sie erwähnt, Huggins habe diese Techniken auch den anderen Mitgliedern der Black Panther beigebracht. Ist es dann also möglich, Achtsamkeit, Meditation und Yoga für revolutionäre Zwecke zu nutzen? Und lässt sich ihr Einsatz rechtfertigen, obwohl er mit den ursprünglichen buddhistischen und hinduistischen Lehren zum Teil im Widerspruch steht? Wir geben auf diese eher unbequemen Fragen keine eigenen Antworten, sondern wollen uns einmal ansehen, was revolutionäre BIPoC Therapeut*innen dazu sagen.

Viele radikale Fachleute in Heilbehandlung, Lehre, Sozialarbeit und Körpertherapie erkennen in Achtsamkeit, Meditation, Yoga und anderen zentrierenden, erdenden und bewusstseinsbildenden Praktiken Potenzial für den Kampf um soziale Gerechtigkeit. Je nachdem, wer man ist (das heißt, welche Position innerhalb verschiedener sozialer und politischer Machthierarchien man einnimmt), kann das unterschiedliche Formen annehmen.

So vertritt die radikale Pädagogin und Yogalehrerin Beth Berila die Ansicht, dass in einem auf soziale Gerechtigkeit ausgerichteten Schulunterricht die Einbeziehung von Achtsamkeit und Meditation in die »kontemplative Pädagogik« entscheidend dazu beitragen kann, Unterdrückung (einschließlich internalisierter Unterdrückung) zu überwinden. Die Techniken können Jugendliche dazu befähigen, Selbstbeobachtung, emotionale Einstimmung und Mitgefühl einzuüben und tief verwurzelte Narrative, mit denen sie die Welt und ihre eigenen konditionierten Reaktionen interpretieren, zu überprüfen und zu hinterfragen. Mittels einer solchen »verkörperlichten Reflexivität«, so Berila, können privilegierte junge Menschen ihre Rolle in der Fortsetzung struktureller Unterdrückung reflektieren und Alternativen suchen; weniger privilegierte Jugendliche können sich bewusst machen, inwieweit sie von solchen Systemen betroffen sind. Da wir uns aber alle an einer Schnittstelle verschiedener gesellschaftlicher Positionen befinden, können wir in verschiedenen Zeiten und Räumen (und auch im Verlauf unseres Lebens) mehr oder weniger stark privilegiert sein.

Die Entwicklung einer solchen »kontemplativen Pädagogik« könnte mit ihrer »verkörperlichten Reflexivität« somit allen helfen: Viele Menschen (nicht nur Jugendliche) könnten mittels Achtsamkeit ihre jeweilige Rolle in der Fortschreibung von Rassismus, Sexismus, Klassismus und Kolonialismus bearbeiten und sich in der Folge neu orientieren. Achtsamkeit, die sich oft nur um das Individuum zu drehen scheint, steht hier eben nicht im Dienst von Selbstoptimierung um der Selbstoptimierung willen.

Einige, die sich politisch und aktivistisch engagieren, lehnen es ab, im Kampf um soziale Gerechtigkeit auf Achtsamkeitstechniken zurückzugreifen, weil es dadurch privilegierten Menschen trotz allem erspart bleibe, sich ihrem eigenen Rassismus, Klassismus, Sexismus und Ableismus, ihrer Homophobie und Transphobie zu stellen. Oft heißt es, Achtsamkeit sabotiere sogar die anstrengenden und ernsthaften Bemühungen, Unterdrückungssysteme und systemische Gewalt zu zerstören. Ein weiterer Kritikpunkt lautet, Achtsamkeit könne Traumata kaschieren oder marginalisierte Menschen dazu bringen, ihre traumatischen Erfahrungen zugunsten eines »Gegenwärtigseins« abzuwerten oder auszublenden. Wir nehmen diese Kritik ernst: Der Einsatz solcher Praktiken wird im radikalen BIPoC-Aktivismus unterschiedlich bewertet.

Im Kampf für soziale Gerechtigkeit vertreten manche – zum Beispiel die Gruppierung, die auf www.therapy changes.com diverse Selbstfürsorge-Ressourcen gesammelt hat – die Ansicht, mittels Achtsamkeit und Meditation könnten sich marginalisierten Menschen die Chance eröffnen, nicht ständig als »Fachleute« für Rassismus, Kolonialismus, Unterdrückung und so weiter herhalten zu müssen. Aber: Es waren ja die Führungsfrauen der BPP, die die Parteimänner in Achtsamkeit und Meditation unterrichteten, und das lässt vermuten, dass sie nicht nur wirklich eine Pause davon brauchten, »Rassismus(/Sexismus)-Expertin« zu sein, sondern dass es am Ende eben auch eine Form feminisierter Arbeit ist, wenn die Frauen den Herren Parteigründern Selbstfürsorgetechniken beibringen.

Wir müssen uns daher fragen: Was hat die Selbstfürsorge an sich, dass eher Frauen sie erlernen und praktizieren? Sie *brauchen*? Wollen sie sich dann auch den Schuh anziehen, Selbstfürsorge und ihren Nutzen anderen in der Bewegung (sprich: Männern) nahezubringen? Sogar in diesem radikaleren Umfeld kann Selbstfürsorge also (paradoxerweise) eine Form weiblicher Reproduktionsarbeit sein ...

Wir meinen, es lohnt sich in jedem Fall, im Kampf gegen Unterdrückung neben ähnlichen Methoden auch Achtsamkeit und Meditation einzusetzen. Und womöglich ist es auch möglich, diese Art der Selbstfürsorge *richtig* zu betreiben, vorausgesetzt, der Prozess wird von unterdrückten Menschen angeleitet (die allerdings auch nicht über Gebühr belastet werden dürfen – gewiss ein schmaler Grat und ein schwieriger Spagat).

In einem Blogbeitrag aus dem Jahr 2015 kritisiert die indischstämmige Yogalehrerin und -fachfrau Susanna Barkataki zwar ausgiebig den »Yoga-industriellen Komplex«, plädiert aber dennoch dafür, Achtsamkeit, Meditation und Yoga für die Dekolonisierung zu nutzen. Barkataki zufolge wird Yoga mit der Verwestlichung und Kommerzialisierung durch die weiße Elite ein zweites Mal »kolonisiert« (beim ersten Mal wurden Yoga und Ayurveda in Indien unter britischer Herrschaft verboten). Beim Yoga dürfe es nicht ausschließlich um Körperbeherrschung oder »Stressabbau« gehen; vielmehr könne man damit auch die Achtsamkeit schärfen: »Yoga bedeutet Befreiung von allen Konstrukten einschließlich Race, Gender, Zeit, Raum, Ort, Identität und sogar Geschichte.« Praktizierende könnten eine erneute Kolonisierung des Yoga verhindern, unter anderem, indem sie es erforschen, erlernen und die richtigen kulturellen Bezüge herstellen, wenn sie es unterrichten und praktizieren. Auch sollten sie sich die »schwierigen« Fragen stellen, zum Beispiel: »Wem steht Yoga heute offen, und inwiefern könnte das eine Folge vergangener Ungerechtigkeiten sein, gegen die wir mit unserer Unterrichtspraxis und Lebensweise vorgehen können?«

Manche sprechen sich auch für eine »*Neuro*dekolonisierung« aus, mit deren Hilfe die psychischen Auswirkungen der Kolonialität auf Gehirn und Denkmuster rückgängig gemacht werden können.[26] Michael Yellow Bird, Soziologe, Sozialarbeiter und Mitglied der Three Affiliated Tribes (Mandan, Hidatsa und Arikara), erklärt auf seiner Website indigenousmindfulness.com, Achtsamkeitspraktiken seien in Indigenen Kulturen üblich, ihnen aber im Zuge von Kolonialismus und Neokolonialismus entzogen worden (auch durch die Vereinnahmung und Kommerzialisierung durch siedelnde Weiße). Er plädiert für eine Wiederaneignung und eine erneute Integration dieser Praktiken in Indigene Gemeinschaften. Diese Bevölkerungsgruppen – die überproportional unter Diabetes, Drogen- und Alkoholabhän-

26 Diese Wortschöpfung beruft sich auf das Werk von Ngũgĩ wa Thiong'o, insbesondere auf das 1986 [2017 auf Deutsch] erschienene Buch *Dekolonisierung des Denkens*, sowie auf Frantz Fanons revolutionäre antikoloniale Theorie.

gigkeit, Depression, posttraumatischer Belastungsstörung und anderen Erkrankungen leiden – sollen so die Möglichkeit erhalten, ihre neuronalen Netze zu erneuern und auf diesem Wege Erleichterung und Wohlbefinden zu erlangen. Die gesundheitlichen Probleme führt er explizit auf Rassismus, Kolonialismus und transgenerationale Traumata zurück, die viele Schwarze und Indigene Menschen erleben mussten.

Am Ende dieses Buches werden wir noch einmal zu der Frage zurückkehren, wie Selbstfürsorge im radikalen und dekolonialen Kontext unter anderem in Form von Achtsamkeits-, Meditations- und Yogapraktiken betrieben werden kann. Vorher aber zeigen wir anhand weiterer Beispiele aus der kommerziellen Selfcare, wie die Selbstfürsorge aus dem Ruder läuft und warum – und inwiefern sie marginalisierten Bevölkerungsgruppen handfesten Schaden zufügt, während die weiße Siedler*innen-Elite (einschließlich derer, die das Risikokapital geben!) die Profite einstreicht.

Kapitel 2

Selfcare vermarkten: Von Femtech und Biohacking bis zu Painmoons und Extremreisen

Habt ihr schon mal »Selfcare« gegoogelt? Wir haben das natürlich gemacht. Auf unseren Recherche-Expeditionen im Internet sind uns haufenweise Klischees und Binsenweisheiten begegnet, zum Beispiel auf der sehr beliebten Website VeryWell Mind, die Selfcare definiert als »bewussten Akt, mit dem man die eigene körperliche, mentale und emotionale Gesundheit fördert«.[27] Auf dieser speziellen Website zur Förderung der mentalen Gesundheit werden im Zusammenhang mit »Stressreduktion« die Vorzüge nicht nur der »Selfcare«, sondern auch der »Spiritualität« (ohne jeden kulturellen oder religiösen Kontext) und eines »achtsamen Lebens« betont (was das sein soll, wissen wir nicht genau). Als Beispiele werden auf solchen Websites häufig genannt: ein Bad nehmen, meditieren oder Achtsamkeit praktizieren, ausschlafen, »sich Zeit nehmen«, Yoga machen oder sich eine Massage gönnen. Diese Selbsthilfemaßnahmen werden fast immer individualisiert und feminisiert. Das heißt, es wird so dargestellt, als bedürften Frauen – aus nicht genauer spezifizierten Bevölkerungsgruppen – der Selfcare besonders. Begründet wird das manchmal mit ihrer evolutionär bedingten [!] Neigung, es mit dem Multitasking zu übertreiben, wie im vorangegangenen Kapitel dargestellt.

Andere Plattformen wie die Website Active Minds streuen neben Tipps wie dem, sich mehr Zeit für sich zu nehmen, auch Mantras ein wie: »Wir müssen alle hin und wieder einen Schritt zurücktreten und uns selbst in den Fokus nehmen«, »Selbstfürsorge ist nicht selbstsüchtig« oder »Du musst deine eigene Tasse füllen, ehe du anderen ein-

27 Scott (2022).

schenken kannst«.[28] Diese vagen und trivialen Mantras werden oft von Bildern begleitet, auf denen Frauen »etwas für sich tun«. Während ich dies schreibe, sehe ich vor mir einen Text über Selfcare samt einem Foto einer offenbar weißen cis Frau, die ein Buch in der Hand hat, neben sich ein ausgeschalteter und zugeklappter Laptop, eine Tasse Tee und eine ebenfalls entspannte Katze. Die Katze ist sehr niedlich.

Weibliche Selbstfürsorge dient dem Auftanken der Kräfte, damit die Frau mehr für andere tun kann. Bei den »anderen«, um die sie sich vielen dieser populären Selfcare-Tipps zufolge effizienter kümmern kann, handelt es sich heute wie früher um die Mitglieder ihrer unmittelbaren Kernfamilie, also Ehemann und Kinder. *Diesen* Menschen ihre Fürsorge besser angedeihen zu lassen, sollte offenbar ihr Ziel sein. Das ist Welten entfernt von Angela Davis und Ericka Huggins, die meditierten und Yoga betrieben, um sich für den antirassistischen Kampf zu wappnen (und/oder ihre Rolle als »Expertinnen« für Rassismus und Sexismus abzuschütteln und sich stattdessen zu erden und zu zentrieren).

Noch allgemeiner wird Frauengesundheit mit dem Wohl der »Gesellschaft« verknüpft. Diese Sichtweise, nach der weibliche Selbstfürsorge stets im Dienste anderer steht, wird nicht nur in den entsprechenden Medien vertreten. Auch Branchenkonferenzen wie die »Illuminations« Women's Health Conference in Vancouver, British Columbia, im Januar 2020 betonen die Bedeutung der Frauengesundheit für gesamtgesellschaftliche Verbesserungen und für die Förderung der Gesundheit von Kindern und Männern. Frauen sollen sich, scheint es, ihre Gesundheit vor allem deswegen bewahren, damit auch alle anderen (Männer und Kinder) gesünder werden. Das geht aus meh-

28 activeminds.org/about-mental-health/self-care/.

reren Tweets hervor, die im Nachgang der Konferenz gepostet wurden, so heißt es in einem Beitrag der B.C. Women's Health Foundation vom 23. Januar: »Das Ergebnis, wenn wir die Erforschung von Frauengesundheit in den Blick nehmen: Sie haben etwas davon, ihre Kinder haben etwas davon, und die Männer haben etwas davon. Wir legen den Schwerpunkt auf Frauengesundheit, weil alle etwas davon haben …« Zu einem Gesundheitsbericht, den diese Stiftung im Herbst zuvor veröffentlicht hatte, twitterte jemand anders: »Wenn es Frauen gut geht, profitiert davon die gesamte Gesellschaft.«[29]

Nach derselben Logik funktionieren laut Michelle Murphy (der in der Einleitung erwähnten feministischen Wissenschaftshistorikerin) die Kampagnen »Girl Effect« und »Invest in a Girl«, in denen die Gesundheit junger Frauen als Maßstab für wirtschaftlichen Wohlstand herangezogen wird. In ihrem 2017 erschienenen Buch *The Economization of Life* zeigt Murphy auf, dass Staaten des Globalen Nordens in Außenpolitik, internationalen Entwicklungshilfeprogrammen und sogenannten humanitären Einsätzen die »Frauengesundheit« (meist basierend auf Daten aus dem Globalen Süden) als Indikator für das gesellschaftliche Wohl und das Entwicklungspotenzial von Kommunen, Staaten und der Welt heranziehen.[30]

In Berichten globaler Organisationen wie denen des Internationalen Währungsfonds und der Weltbank werden »Investitionen« in Gesundheit und Wohl von Frauen als *strategische* Maßnahmen dargestellt, auch hier vor allem, weil die Weltwirtschaft davon profitiert. In einem Blog-Beitrag der Weltbank schreibt Patricio Marquez 2017: »Wir

---

29 Siehe twitter.com/BCWomensFdn/status/1220462808267132929 und twitter.com/SexualHealthRN/status/1181985013975240704.

30 Siehe dazu die Kampagnen »The Girl Effect«, girleffect.org/ und »Invest in a Girl«, womendeliver.org/wp-content/up loads/2017/03/Deliver-for-Good-Booklet.pdf.

wissen, dass gesunde Frauen der Schlüssel zu gesunden Gesellschaften sind. Nicht in jeder Gesellschaft ist Frauengesundheit jedoch selbstverständlich. Wie Erfahrungen in der Entwicklungshilfe zeigen, tragen gezielte Maßnahmen und Programmstrategien, die auf die Förderung der Gesundheit und des Wohlbefindens von Frauen aller Altersgruppen abzielen, entscheidend dazu bei, dass das Potenzial von Frauen und Mädchen voll ausgeschöpft werden kann.«

Klingt super, oder? Die Hauptsache ist ja, man kümmert sich um die Bedürfnisse der Frauen – ist doch egal, wie. Das Problem liegt in einer Formulierung, die sich in diese Darstellung geschlichen hat: »... dass das Potenzial von Frauen und Mädchen *voll ausgeschöpft werden kann*«. Frauen im Globalen Süden sollen nicht nur gesunde, gebildete und erfolgreiche Bürgerinnen sein (gemäß westlichen weißen bürgerlichen Vorgaben). Vielmehr wird ihr Wohl nur berücksichtigt, sofern es Teil einer Investment-Strategie ist. Die Verbesserung von Gesundheit, Bildung und Chancen soll nicht etwa *echten* Frauen und Mädchen ein besseres Leben ermöglichen, sondern das wirtschaftliche Wohl der entsprechenden Staaten und Regionen verbessern, die diese Frauen und Mädchen repräsentieren, und das weibliche Potenzial für das »Wohl« des Weltmarktes erschließen. »Frauen und Mädchen«, das sind in Wahrheit feminisierte Bevölkerungsgruppen, die man managt, auf die man spekuliert und in die man investiert. Sie sind keine echten Menschen, um die man sich Gedanken macht. Und so steht »das Wohl der Frauen« für eine Steigerung des Bruttosozialprodukts – und aller möglichen anderen Wirtschaftsindikatoren.

Selfcare in ihrer heutigen westlichen feminisierten Form hat folglich das Ziel, dass sich Frauen effizienter, effektiver und besser um andere kümmern können, und diese anderen sind nicht unbedingt unterversorgte Bevölkerungsgruppen oder Communitys (was zum Geist der

Selbstfürsorge passen würde, wie sie einst in revolutionären, antikapitalistischen und antirassistischen Räumen, in Organisationen für die Rechte von queeren Menschen, Frauen und Menschen mit Behinderung formuliert wurde). Stattdessen stehen Frauen im Globalen Süden für Verbesserungen in der Weltwirtschaft und den internationalen Beziehungen. Frauen im Globalen Norden wiederum gründen Unternehmen, um sich (und ihre Kernfamilien) zu verwöhnen.

Damit haben wir gleich zwei weibliche Selfcare-Versionen, deren Nutzen in Wahrheit auf andere umgelenkt wird: In der einen können sich Frauen besser um die nächsten Angehörigen ihrer (implizit wohlhabenden, weißen, cis-hetero) Kernfamilie kümmern, in der anderen korreliert eine abstrakte »Frauengesundheit« mit dem Wohl von Bevölkerungsgruppen, Nationalstaaten und/oder Märkten.

Einen interessanten (und irgendwie perversen) Dreh bekommt die beliebteste Version der elitären weiblichen Selfcare im Globalen Norden, wenn diese beiden Aspekte zusammengeführt werden und das Selbst noch einmal völlig neu in den Mittelpunkt rückt: Die Fürsorge für andere ist gut, weil sie gut für *dich* ist.

Wie wir noch darstellen werden, bringt diese Volte die jüngste Selfcare-Phase auf den Punkt. Die ziemlich verquere und befremdliche Vorstellung dahinter ist, dass Pflege und Fürsorge in der Community *gut für das Selbst* sei: Das Engagement für soziale Gerechtigkeit (im weitesten Sinne) mit Schwerpunkt Diversität, Gleichheit, Inklusion und sogar »Intersektionalität« nütze der einzelnen Frau *persönlich,* und genau deshalb mache sie es auch. Wichtig ist hier, festzuhalten, dass all diese Versionen feminisierter Selfcare bestens mit dem Neoliberalismus und der Kommerzialisierung der Carearbeit vereinbar sind und ihre Wurzeln im weißen liberalen Feminismus haben.

Uralt, heilig, sinnlich: Weiblichkeit ist schon für sich eine Form der Fürsorge

Der Selfcare-Markt für Frauen ist heutzutage höchst lukrativ, wobei einige Websites und popkulturelle Angebote die Feminisierung und Kommodifizierung der Selbstfürsorge offener betreiben als andere. In einem weiteren bizarren Schwenk wird Selfcare oft mit einer »urzeitlichen« oder »heiligen« Weiblichkeit assoziiert, was uns zu der Frage von Vereinnahmung, kultureller Aneignung und neoliberaler Optimierung zurückführt, mit der wir dieses Buch begonnen haben.

Beginnen wir mit einem Beispiel: Die Internetplattform The Feminine widmet sich nach eigener Aussage »dem Empowerment von Frauen in aller Welt, damit sie ihrer Stimme vertrauen, ihrem Herzen folgen und ihr Frausein annehmen können – ohne Angst und ohne Scham«. CEO, Gründerin, Podcast Host und Transformationscoach Oana Stoianovici ermutigt Frauen, ihre »heilige Weiblichkeit« anzunehmen und mittels Selfcare ihre Sinnlichkeit zu steigern. In einem Post auf thefeminine.com schreibt eine Bloggerin und Freundin der Gründerin:

> In Urzeiten schufen Frauen den heiligen Raum, in dem sie sich beschirmt und beschützt fühlen konnten. Nicht von einem Mann, sondern von ihrem eigenen Herzschlag. So konnten sie sich als reife Menschen auf die Suche nach der Gabe »des Femininen« machen. Und sie gewannen den Mut, verletzlich zu sein und ihre Schatten, ihre verborgenen Gaben und ihre ungebändigten Stimmen bei sich zu führen, bis sie stark und leidenschaftlich genug waren und sich eingestehen konnten, wer sie waren, der Außenwelt begegnen konnten, ohne dafür etwas zu erwarten, bereit waren, alles zu geben [...]. Der heilige Raum erlaubt es dir, weich und

sanft und geduldig mit dir zu sein. Durch ihn kann dein Herz erwachen, kannst du uneingeschränkt loslassen und dich deinem wahren Rhythmus und deiner wahren Stimme ergeben.

Uns war beim Besuch dieser Website zwar nicht ganz klar, was unter einem »heiligen Raum« zu verstehen ist, aber die Aussicht, sich in einen solchen Raum zu versenken, hat uns durchaus gereizt, und so konnten wir nicht umhin, uns auch die Podcastfolge »Hör auf dein ›inneres Kind‹« herunterzuladen.

The Feminine und der dazugehörige Podcast *The Feminine #Uncut* ist ein typisches Beispiel für die recht offensichtliche Verwendung der angesprochenen Motive. Wir haben uns einige Podcasts angehört, auch eine Folge mit dem Titel »Der fundamentale Meditationsleitfaden (The Feminine Way)«. In dieser Folge geht Gastgeberin Oana der Frage nach, inwiefern und warum Männer und Frauen unterschiedlich meditieren (ach was?!), und wie Frauen ihre spezifisch weibliche Version der Meditation annehmen und weiterentwickeln können. Offenbar müssen sich Frauen stärker als Männer beim Meditieren »unterwerfen«, besonders ihrer weiblichen Energie, die weniger »strukturiert« sei als die männliche und mehr einem Flow folge. Sie sollen sich einstimmen auf die natürlichen Rhythmen der Erde und ihres weiblichen Körpers, sie sollen Händchen halten, weinen, lachen und nackig im Mondlicht tanzen und vielleicht sogar den Mond anheulen, und das alles, um ihr heiliges weibliches Herz und besonders ihren heiligen Mutterschoß anzunehmen. (Ja, das alles sagt sie wirklich fast wörtlich so.) Ehrlich gesagt haben wir uns ziemlich gelangweilt und konnten nur schwer folgen, sodass wir etwa auf halber Strecke abgebrochen haben …

Auch viele andere Selfcare-Anbieterinnen stellen eine Verbindung zwischen Weiblichkeit, Spiritualität und Heiligkeit her – immer häufiger gehört auch *Empowerment* dazu – und zeigen, wie man diese Aspekte und die Beziehungen zwischen ihnen verbessern und optimieren kann. Andere populäre Podcasts, die das »Empowerment« noch stärker betonen (und weiblicher Selfcare und Selbstoptimierung das Potenzial zusprechen, die Welt zu retten), sind unter anderem: *The Feminine CEO* (in dem Jessica Riverson Tipps gibt, wie frau »ein NEUES weibliches Erfolgsmodell verkörpern kann, in dem Seele und Strategie im Gleichgewicht sind, und zwar an einem Ort, wo die Innere Priesterin auf die CEO trifft«), *Feminine Power Time* (in dem Christine Arylo der Hörerin hilft, ihre »Göttliche Weibliche Weisheit« anzuzapfen, und zwar an einem Ort, wo »Mystik auf Betriebswirtschaft trifft«) und *Feminine & Fulfilled* (in dem die Hörerin aufgefordert wird, »sich in die Debatte einzubringen, um die weibliche Macht zu steigern, die unsere Welt wieder ins Gleichgewicht bringt«). Das sind nur einige von unzähligen Podcasts, die Frauen mit feminisierter Selbsthilfe Empowerment versprechen – und viele führen auch das sexuelle Wohl als Schlüssel für Gesundheit und Optimierung an.[31]

Um an das vergangene Kapitel anzuknüpfen: Die Selfcare-Angebote, die sich an die weiße Mittelschichtshausfrau richten, sollen den Betroffenen eine Auszeit von Haus- und Care-Arbeit verschaffen – um diese Arbeit anschließend besser zu verrichten. Aber wie steht es mit Selfcare

---

31 Ein gutes Beispiel für diesen Trend ist auch Mama Gena und ihre School of Womanly Arts. Mama Gena aus New York City ist als Motivationsrednerin mit Trainingsprogramm und einem Methodenplan für inspirierende Erlebnisse mit immer derselben Botschaft unterwegs: »Nimm deine feminine Seite an, denn sie verhilft dir in Beziehungen, bei der Arbeit und im Leben zu Erfolg.« Die Hürden zu Mama Genas Dunstkreis sind hoch: Ihr »Mastery«-Kurs über drei Wochenenden kostet 5950 Dollar, der neunmonatige »Creation«-Kurs liegt bei 12 000 Dollar. Eine detailliertere Darstellung ihres Programms findet sich bei Rowland (2020).

und feminisierter Arbeit, wenn die hypothetische Frau, der Selfcare heute verkauft wird (oder die sie in vielen Fällen *selbst* verkauft), keine Hausfrau ist, sondern eine Karrierefrau? Wenn sie die Arbeit im Haus (wieder einmal) an arme und migrantische Frauen und an Frauen aus dem Globalen Süden delegiert hat, damit sie Zeit und Raum für ihren »Aufstieg« gewinnt? Was ist, wenn diese Arbeiten an coole Produkte outgesourct und mittels neuer Technologien automatisiert wurden?

Der Selfcare-Markt dreht sich heute um *Selbstoptimierung* und immer seltener um die Fürsorge für andere (nicht einmal mehr für die Mitglieder der cis-hetero weißen bürgerlichen Kernfamilie) oder gar die Reproduktionsarbeit in Haushalt und Familie. Vielmehr soll mittels Selfcare das eigene *feminine* Selbst reproduziert werden – als Lifestyle, als Rolle und als Marke.

Die Vermarktung weiblicher Care-Produkte (und damit meinen wir nicht [nur] Tampons und Maxi-Binden): neue Form, neuer Inhalt, neuer Profit

Die fachliche Qualifikation derer, die sich auf dem Selfcare-Markt für weiße Frauen und in der entsprechenden Forschung tummeln, bewegt sich auf einem breiten Spektrum. Auf der einen Seite finden wir hochqualifizierte und angesehene Fachleute aus Medizin und Forschung, die sich mit den Vorzügen der Selbstfürsorge (zum Beispiel durch achtsamen Sex) als wichtigem Bestandteil der Frauengesundheit befassen. Auf der anderen Seite finden wir Gwyneth Paltrow und Goop.

Die *gesamte* Selfcare-, Achtsamkeits- und Awareness-Branche vermittelt und verkauft allerdings ein spezifisches Weiblichkeitsbild: das der weißen, bürgerlichen, cis-heteronormativen Frau.

Und da Wissenschaft, Spiritualität und Selbsthilfe so stark miteinander verschmelzen, dass sie oft kaum noch zu unterscheiden sind, fragen wir uns, wie weit die beiden Pole des Selfcare-Wellness-Spektrums (Expertise versus Quacksalberei) eigentlich noch auseinanderliegen.

Man *könnte* wohl sagen, qualifizierte medizinische Angebote und solche, die Urschrei-Weiblichkeit und Quacksalberei vermarkten, unterscheiden sich vor allem in dem Profit, der dabei herauskommt. Die Wellness-Branche und der Selfcare-Markt sind gigantisch, und sie wachsen weiter. Wie in der Einleitung erwähnt, hatte die globale Wellness-Wirtschaft 2019 ein Volumen von 4,9 Billionen Dollar, das bis 2025 auf 7 Billionen Dollar anwachsen soll.

Auf diesem Markt ist eine weiße Feminisierung sowohl in Hinblick auf den *Inhalt* (was verkauft wird), als auch auf die *Form* des kapitalistischen Handels (wie es verkauft wird) zu beobachten.

Unterbranchen wie »FemTech« offerieren unter anderem Fruchtbarkeits-Apps, Zyklustracker und Apps für Schwangerschaftsbegleitung und Neugeborenenbetreuung, sexuelle Wellness und die Gesundheit des »Fortpflanzungsapparats«, die sämtlich via E-Commerce vertrieben werden (neu ist also vor allem der Inhalt, ein wenig aber auch die Form). Der Bericht des Global Wellness Summit 2018 fasst zusammen: »Einer der absolut aufregendsten Wellness-Trends (und ja, dazu gehört auch die ›Lösung‹ des Problems der Periode) ist die explosionsartige Zunahme von Angeboten aus den Bereichen Gynäkologie, Technologie, Wissenschaft, Design und Unternehmertum, die eine Kaskade von smarten ›Ich hab's kapiert‹-Produkten und technologischen Lösungen auf den Weg bringen; sie alle zielen darauf ab, den Code für die spezifischen Bedürfnisse der Frauen, ihres Körpers und ihrer Sexualität zu knacken.« Wir begrüßen es ohne Wenn und Aber, wenn Menschen ihre Regel und andere körperliche Abläufe mithilfe von Technologie nachvollziehen können (besonders seit in den USA das Abtreibungsrecht gekippt wurde). Wir verstehen nur nicht, warum die Apps immer so quietschrosa sein müssen und was für ein weiblicher »Code« hier »geknackt« werden muss.

Zu den genderspezifischen Wellness- und Selfcare-Verfahren, die auch für den Verkauf neuer alternativer Gesundheitsprodukte genutzt werden, gehört die DIY-Methode des »Biohacking«, mit der man die eigene Biologie optimieren und sich auf sie »einstimmen« soll.[32] Biohacking wird traditionell häufiger von Männern propagiert, besonders solchen, die in der Tech-Branche ein Vermögen gemacht haben, ehe sie ihre Talente dazu nutzten, Körper und Geist zu hacken und so die eigene Gesundheit und Fitness zu optimieren.

Ein jüngeres Beispiel für maskulinisiertes Biohacking ist der Trend des »Dopamin-Fastens«: Ein vielbeschäftigter und erfolgreicher Mann, der in der Tech-Branche arbeitet (zum Beispiel im Silicon Valley), soll eine Zeitlang gezielt alles meiden, das ihm irgendwie Glück und Wohlbefinden beschert, vom Sex über Smalltalk bis hin zum Verzehr von Sandwiches. Wenn er sich dann der Welt wieder zuwendet, wird er von Dopamin durchflutet und fühlt sich *fantastisch.* Diese Form des Biohacking richtet sich also an Männer und propagiert so etwas wie achtsame körperliche Askese. Der Untertitel eines Beitrags von Nellie Bowles in der *New York Times* zu diesem Thema bringt es ganz gut auf den Punkt:

---

32 Auf parsleyhealth.com/blog/biohacking-women-101 heißt es: »Mit Biohacking werden neuste wissenschaftliche Erkenntnisse und praktische Beratung genutzt, damit es Ihnen jeden Tag besser geht [...]. Dave Asprey zufolge ist Biohacking ›die Kunst und Wissenschaft, die Umgebung und sein Inneres so zu verändern, dass man die eigene Biologie besser unter Kontrolle hat‹. Wir können damit unser körperliches Potenzial optimieren und die ›absolut beste Version unserer selbst‹ werden.«

»Wie man jetzt gar nichts fühlt, um später mehr zu fühlen«.

Eine Bloggerin für den in New York City ansässigen erfolgreichen Konzern Parsley Health, einen Vorreiter auf dem Gebiet der funktionellen Medizin, legt dar, dass Frauen Biohacking genauso erfolgreich betreiben können wie Männer – sie müssen es nur etwas anders angehen:

> Man könnte sagen, wir Frauen haben Biohacking als Erste betrieben. Seit Jahrtausenden verhindern wir Schwangerschaften mittels Lunazeption (dem Beobachten des Zyklus anhand der Mondphasen) und moderneren Methoden wie Verhütungspillen. Frauen befinden sich generell eher in Einklang mit ihrem Körper und sind deshalb prädestiniert für das Biohacking. Wo also liegt der Unterschied zwischen Biohacking für Männer und Frauen? In den Hormonen.

Die neuen Entwicklungen von Form und Inhalt im feminisierten neoliberalen Kapitalismus laufen im sogenannten *contextual commerce* zusammen. Dahinter steht laut dem Nachrichtenportal TechCrunch die potenziell »›bahnbrechende‹ Idee, dass Kaufgelegenheiten nahtlos in den Alltag und die natürliche Umgebung eingestreut werden. Das heißt, Menschen können mit einem Klick oder auch nur mit ihrer Stimme jederzeit überall alles kaufen. Dieses Konzept steht auch hinter den *Kaufen*-Buttons auf Plattformen wie Instagram, Pinterest und Facebook.«

Das sogenannte »BFF-Marketing« [*Best Friends Forever*] entwickelt dieses Konzept weiter und stellt die weiße, cis-heteronormative Elite-Weiblichkeit ins Zentrum der neuen Märkte: »Dieser Ansatz des inklusiven freundschaftlichen Geplauders – der auf der Vorstellung gründet, eine Marke sei deine ›allerbeste Freundin‹, für die du etwas ganz Besonderes bist und die Produkte nur für dich entwickelt –

steht derzeit als Kernnarrativ hinter dem Aufstieg einiger der erfolgreichsten Direktvertriebsmarken für Mode und Schönheit«, so die Journalistin Pandora Sykes.

Sykes befragte für die Zeitschrift *Business of Fashion* diverse weibliche Führungskräfte zu den Entwicklungen in der Vermarktung speziell für Frauen. Maggie Winter, Geschäftsführerin und Gründerin der nachhaltigen Marke AYR (»All Year Round«, also Ganzjahreskleidung) erklärt: »Die Kundin bestimmt, wo es langgeht. Sie hat das Sagen.« AYR vertreibt zu 80 Prozent an die Kundinnen direkt und kurbelt den E-Commerce-Verkauf mit E-Mail-Newslettern an, die in einem freundschaftlichen Mädels-Ton gehalten sind. »›Deine Social-Media-Feeds: Manchmal machen sie dich glücklich, manchmal nerven sie. Anders als diese Jeans, die dir rund um die Uhr ein fantastisches Gefühl gibt‹, heißt es in einem Newsletter aus dem Jahr 2017.« Laut Sykes geht die Strategie auf, denn die Websiteaufrufe via E-Mail-Link haben im letzten Jahr (gegenüber 2017) um 60 Prozent zugenommen. »Nur weil man eine Umsatzsteigerung anpeilt, muss man die Kundinnen noch lange nicht unpersönlich und aggressiv ansprechen«, wird CEO Winter in der *BoF* zitiert. Die Verbindung zu weiblichem Empowerment und dem »Feminismus der vierten Welle« wird immer deutlicher: »Das ist die Nummer ›Girl, wir wissen genau, was du brauchst‹«, erklärt Lucie Green, Chef-Zukunftsforscherin in der Werbeagentur J. Walter Thompson. [Sie fährt fort:]

> Dieser einschließende Dialog à la Lena Dunham knüpft an den Feminismus der vierten Welle an, und die Direktvertriebsmarken sind oft symbiotisch mit einer weiblichen Gründerin verbunden. Die Geschichte der Marke ist ein Beispiel für weibliches Empowerment, und frau wird darin bestärkt, sie nicht nur als Konsumentin zu unterstützen, sondern auch als Fan der Geschichte.

Bei Goop hat sich Gwyneth Paltrow »in das Produkt eingebrannt«, und auch Reese Witherspoon stellt sich als ultimative Südstaatenschönheit offen ins Zentrum ihrer Marke Draper James.

Also: Die Marke muss »cute« sein und gleichzeitig »empowernd«. Sie muss Frauen etwas bieten, von dem sie meinen, sie hätten es nicht richtig im Griff, etwas, das gefehlt hat – aber nach »ihren Regeln«. So entsteht eine Lifestyle-Marke und ihre naheliegende Vertriebsmethode: BFF-Marketing.

Die Firma Goop ist natürlich *die* Lifestyle-Marke per se und eine der bekanntesten und finanziell erfolgreichsten Pionierinnen auf diesem Gebiet. Sie kombiniert mühelos neue (feminisierte) Inhalte mit neuen (feminisierten) Formen des kapitalistischen Handels. Unmöglich, ein Buch über die Dekolonisierung von Selfcare zu schreiben, ohne sich Goop genauer anzusehen.

Das Multi-Millionen-Unternehmen hatte seine Ursprünge 2008 in einem Newsletter, den Gwyneth Paltrow zusammenstellte (aus ihren Initialen GP entstand der Name »Goop« – daher der Spitzname, den viele Fans verwenden). Anfangs wollte sie mit dem Newsletter Rezepte, Gesundheits- und Schönheitstipps oder Listen mit den »besten« Adressen und Aktivitäten zum Beispiel an einem bestimmten Urlaubsort verbreiten, aber auch ihre Fans vernetzen und an sich und ihren Lebensstil binden. An alles, was sie mochte. An die coolsten Sachen, die es zu kaufen gab. Taffy Brodesser-Akner schrieb 2018 in der *New York Times*: »Die Goop-Philosophie lautete: Schöne Sachen kosten halt manchmal Geld; um schöne Sachen zu finden, muss man auch mal richtig privilegiert sein; aber wenn jemand nicht privilegiert ist, heißt das nicht, dass sie diese Dinge nicht haben kann. Und nur weil manche sie sich nicht leisten können, heißt das nicht, dass niemand sie sich leisten kann und niemand sie sich wünschen sollte. Falls sich daran jemand störte, war der Newsletter ja kostenlos, einschließlich der Rezepte für Truthahnragout und Bananen-Nuss-Muffins.« GP ist das perfekte Beispiel (und sie wirkt wirklich perfekt, oder? Ein bisschen zu perfekt, uaahh ...) einer weißen Elite-Frau im Globalen Norden, die es geschafft hat, an das Gründungskapital zu kommen, das, wie in der Einleitung zu diesem Buch beschrieben, zu dem die meisten Frauen weltweit keinen Zugang haben.

Der günstigste Eintritt zum »Summit« in einem ihrer Wellness-Hotels kostet 500 Dollar, die VIP-Version geht bis zu 4.500 Dollar (das haben wir jedenfalls gehört). In einem anderen Artikel für die *New York Times* berichtet Alexandra Jacobs: »In Goop-Resorts kann man probiotische Getränke mit Pfirsich- und Passionsfruchtgeschmack kaufen, produziert von der Pepsi-Tochter Tropicana – was beweist, wie stark die Philosophie der von Ms. Paltrow und ihrer medizinischen Gefolgschaft verfochtenen, oft verspotteten ›Darmgesundheit‹ die großen Hersteller bereits infiltriert hat.« Jacobs erzählt vom Besuch eines Goop-Hotels (dessen Motto lautet: »*In Goop Health*«), wo sie neben der Goop-Philosophie auch die Bezahl- und Nutzungshierarchie kennenlernte. Es gab mehrere Zahloptionen – »Lapis«-Mitglieder (die Plebejer) zahlten 500 Dollar Eintritt, die oberste »Bergkristall«-Preiskategorie betrug in dieser Einrichtung bescheidene 1.500 Dollar.

Entsprechend hatten die Kundinnen mehr oder weniger Angebote zur Wahl, von Gesichtsstraffungsmassagen über meditative Klangbäder, schamanische Kristall-Lesungen und intravenöse Vitamin-Infusionen bis hin zur Begegnung mit GP höchstselbst beim Cocktail oder beim Lunch im Garten. Jacobs zitiert Paltrow: »Ich fasse den Begriff der Wellness etwas weiter – es ist nicht nur ›Ach, geh da hinten in die Ecke, iss Quinoa und meditiere‹ [...], sondern eher ›Nein, wir sind moderne Frauen, und wir wollen uns gut fühlen und unser Leben in verschiedenster Hinsicht optimieren‹.« Genau, optimieren. Allerdings.

Seit Firmengründung flossen mehr als 82 Millionen Dollar Fremdinvestitionen in das Unternehmen, und für 2018 wurde ein Umsatz von 90 bis 120 Millionen Dollar prognostiziert. Schwerpunkte sind weibliche Inspiration, Empowerment, die Optimierung des Sexuallebens, Gesundheit, Schönheit, Reise und alles, was mit »dem guten Leben« zu tun hat [*The Good Life*]. Vor allem aber handelt Goop mit Zielen. Der Bloginhalt der Website ist zwar kostenlos, doch Paltrow hat die hohen Preise ihrer Produkte und Eintrittskarten zu ihren Events wiederholt mit dem Hinweis verteidigt, »unsere Sachen sind schön, die kann man nicht massenhaft produzieren«.

Das heißt, auch wer sich die Goop-Produkte nicht leisten kann, sollte es sich jedenfalls zum Ziel setzen.

Sexiness verkaufen: Genderbinarität, Geschlechterdifferenz und rezeptive Weiblichkeit als Ware (immer und immer wieder …)

Der gesundheitliche Nutzen von Technologien und Produkten spezifisch für Frauen ist ja ein wichtiger Schwerpunkt der Wellness-Märkte insgesamt. Für den Goop-Markt gilt das ganz besonders. »Yoni-Eier« (aus Jade und Rosenquarz) und »Vaginal-Dampfbäder« (für die gynäkologisch-reproduktive Gesundheit und sexuelles Empowerment) sind nur zwei Beispiele aus dem Angebot, die von medizinischer Seite als Pseudowissenschaft und Quacksalberei heftig kritisiert wurden.[33] Wie die gesamte Goop-

33 Einige Verfechter*innen achtsamer Sexualität, weiblicher Selfcare und Frauengesundheit, die im eher seriösen und qualifizierten Reich der Medizin und Wissenschaft angesiedelt sind, haben die Goop-Angebote scharf angegriffen. Besonders heftig prangert

Palette sind auch diese für die Vagina entwickelten Produkte und Methoden dazu angetan, die weiße bürgerliche cis-hetero Weiblichkeit in eine Ware, ein Projekt und einen erstrebenswerten Lifestyle zu verwandeln. Man kann einen sagenhaft weichen Pullover erstehen, sich über die »Trauer über den Verlust der Lebensträume« aufklären lassen und die Gesundheitsvorzüge des tantrischen Sex kennenlernen.

Es ist wieder dieselbe Geschichte: Goop und ähnliche nicht- oder scheinmedizinische Selbsthilfeplattformen präsentieren genau wie medizinische Einrichtungen Sexualität als Schlüssel zum »besten Selbst«. In einem Goop-Interview über Tantra mit Michaela Boehm, einer international anerkannten Fachfrau für Intimität, Beziehungen und Sexualität, driftet daher das Gespräch rasch ab zum Thema Männlichkeit und Weiblichkeit. Böhm erklärt, wie langweilig Gleichheit sein könne:

> Viele Frauen finden die Vorstellung, von der Arbeit nach Hause zu kommen und an der Haustür von einem lächelnden Mann in Schürze begrüßt zu werden, ziemlich befremdlich – obwohl sie es als reizvoll empfänden, wenn der Ehemann abends kochen würde. Verändert sie aber nur minimal die Perspektive – sie kommt heim zum Ehemann, der sie zum Tisch und einem Glas Wein führt und das Essen serviert –, klingt das plötzlich ziemlich sexy [...]. Zentral ist hier eine leichte Verschiebung der Blickrichtung – die Einnahme der männlichen Perspektive.

Dr. Jen Gunter (2019a und 2019b, dt. 2020) Kommerzialisierung und »Quacksalberei« an: Goop perpetuiere falsche Vorstellungen über Frauengesundheit und profitiere unter anderem durch teure und potenziell gefährliche Produkte wie das Yoni-Ei von der Unsicherheit der Frauen.

Unzählige extrem profitable Unternehmen nehmen Frauen mit ihrer Sexualität und Lust ins Visier und betonen ihr sexuelles Empowerment. Wenn die Frau gesellig, großzügig, gastlich sein wolle, auch sich selbst gegenüber, so wird angedeutet, habe sie die Verantwortung, ja die Pflicht, für sexuelle Ermächtigung und »guten« Sex zu sorgen, und erreichen könne sie das alles wie im vorangegangenen Kapitel beschrieben mittels Achtsamkeit. Im gemeinsamen Ziel einer gesunden Sexualität begegnen sich somit der eher seriöse medizinische und der eher populäre Selfcare-Bereich. Und auch hier lassen sich medizinische, komplementär-alternative und kommerzialisierte Selbsthilfe nicht klar voneinander trennen.

Ein berühmt-berüchtigtes Beispiel ist das Unternehmen OneTaste, das in den letzten Jahren viel Beachtung fand, schließlich aber wegen unlauterer bis illegaler Machenschaften einer besonders kritischen Prüfung unterzogen wurde.[34]

Das Anfang der 2000er Jahre von Nicole Daedone in San Francisco gegründete Unternehmen widmete sich nach eigener Definition der Erforschung und Lehre von Slow-Sex-Praktiken und Orgasmischer Meditation (»OM«). Bei dieser markenrechtlich geschützten Methode streichelt ein meist cisgender Mann mit eingeölter, behandschuhter Fingerspitze etwa 15 Minuten lang die Klitoris einer cisgender Frau. Zwar machte sich OneTaste auch Dogmen zu eigen, die sich an »Östliche Philosophie« anlehnten, im Mittelpunkt standen allerdings Sexualität und Orgasmus der Frau, besonders durch OM. Die Firma mit Sitz in San Francisco und später in Los Angeles und New York legte einen rasanten Aufstieg hin, machte 2017 (vor dem plötzlichen

34 Aufgrund von FBI-Ermittlungen wegen Sexhandels, »Prostitution« und Verstößen gegen das Arbeitsrecht schloss OneTaste Anfang 2018 seine Tore und firmiert jetzt unter neuem Namen: »The Institute of OM«, instituteofom.com.

Zusammenbruch) 12 Millionen Dollar Umsatz, expandierte nach Atlanta, Chicago, Minneapolis und Washington und kooperierte mit Unternehmen wie der Lebensmittelfirma Odwalla. Ellen Huet zitiert die ehemalige CEO Joanna Van Vleck in einem Artikel für *Bloomberg Businessweek* 2018 mit den Worten: »OneTaste ist die Vollwerternährung der Sexualität – die biologische, gesunde Variante.«

In der Wellness-Branche mag OneTaste ein Sonderfall sein, weil der Firma medienwirksam vorgeworfen wurde, Sexsekte und Schneeballsystem in einem zu sein, und weil das FBI wegen Verdachts auf Menschenhandel gegen die Firma ermittelt. Die Firma illustriert allerdings, wie sich sexuelle Erfüllung – und besonders weiblicher Genuss – in einem pseudomedizinischen oder medizinähnlichen Umfeld zu Geld machen lässt. Hier werden nicht nur Produkte verkauft, hier wird ein eigener Lebensstil erschaffen, in dem sich alles darum dreht, heterosexuelle Libido und gynozentrischen cis-weiblichen Genuss abzurufen, nutzbar zu machen und zu instrumentalisieren.

Dieser Denkansatz – die ständige Optimierung der Produktivität weiblicher Sexualität – prägt auch einen TED-Talk von Nicole Daedone, der 2011 aufgenommen wurde, lange bevor der Skandal die internationale Presse erreichte. In ihrem Vortrag betont Daedone, die Steigerung des weiblichen Genusses sei nicht nur gut für Frauen, sondern auch für Männer, Familien und die gesamte Welt (genau, Leute, das habt ihr schon mal gehört: gesunde Frauen = gesunde Gesellschaften / Nationalstaaten / Märkte).

Wie bereits gesehen, ist das in der Welt des achtsamen Sex und der sexuellen Wellness ein wiederkehrender Refrain, der einem aber selten in penetranterer Form begegnet als in diesem Vortrag mit dem Titel »Orgasmus: Das Heilmittel für den Hunger der westlichen Frau«, der zum Zeitpunkt der Abfassung dieses Buches fast zweieinhalb Millionen Aufrufe auf YouTube zählte. Laut Daedone ist der weibliche Orgasmus »für absolut jede Frau auf dem Planeten unverzichtbar« und »auch für Männer nicht so übel«; er »verankert unsere fundamentale Bindungsfähigkeit«. Die Frauen, die OneTaste besuchten, »schrien nach Sättigung« und »sangen das Mantra der westlichen Frau«: »Ich arbeite zu viel, ich esse zu viel, ich mache zu viele Diäten, ich trinke zu viel, ich kaufe zu viel, ich gebe zu viel, und trotzdem habe ich einen Hunger, an den ich nicht rühren kann.« Wie poetisch.

Diese elitären weißgewaschenen Klischees über Geschlechterunterschiede und die stereotype Genderbinarität ziehen sich durch den gesamten Vortrag. Daedone erzählt, die OM-Technik habe ihr auf einer (Sex?-)Party ein cis Mann beigebracht, der den oberen linken Quadranten ihrer Klitoris gestreichelt habe (offenbar in meditativer nichtsexueller Weise?). Damals sei nichts geschehen, weil sie zu »verkopft« gewesen sei. Trotzdem brachte sie das Erlebnis zum Weinen, und der Mann schaffte es, etwas in ihr »aufzutauen«, denn nie zuvor habe jemand sie »so angesehen, ihr in diesem Bereich solches Mitgefühl entgegengebracht«.

Auch dieser Refrain kehrt in den verschiedenen Diskursen wieder: Die moderne Frau ist zu gestresst und zu sehr mit Multitasking beschäftigt, als dass sie körperlich an ihre natürliche, frei fließende sexuelle Erregung andocken könnte (vielleicht leidet sie sogar unter einer evolutionsbedingten Geist-Körper-»Diskordanz«). Aber sie hat ein *Geburtsrecht* auf sexuellen Genuss, und dieses Geburtsrecht einzufordern ist eine integrale Form der Selfcare. Großartiger Sex steht ihr einfach zu, verdammt nochmal!

Am Ende ihres Vortrags erklärt Daedone, die weibliche Lust werde den Planeten retten: »Der Dalai Lama hat gesagt, es sei die ›westliche Frau, die die Welt verändern wird‹.« Sie räumt ein, dass diese Aussage umstritten ist, weil sie impliziert, bei der Veränderung der Welt seien westliche Frauen anderen überlegen. Daedone fürchtet allerdings etwas ganz anderes: Sie meint, man werde diesen Umstand gegen Frauen in aller Welt wenden und »gegen diejenigen, die es wagen, uns zu streicheln«, wobei eben diese »die Welt tatsächlich verändern, stillen sie doch die Lust auf Bindung, die wir *alle* in uns tragen!«.

Wieder einmal wird uns hier erklärt, mit sexuellem Genuss ließen sich Frauen, Männer und natürlich die ganze Welt retten.

Den Schmerz wegtransformieren: Extremreisen und die dekadenteste Form der Selfcare

Extrem- und »Transformationsreisen« sind der heißeste neue Wellness- und Selfcare-Trend. Auch sie gründen auf der Vorstellung, eine (weiße) Frau habe ein Geburtsrecht auf das Streben nach Genuss und Bindung. Wie ein Blick auf die Selfcare-Reisebranche offenbart, verhalten sich Genuss und Empowerment reicher weißer Frauen umgekehrt proportional zum beklagenswerten Umgang mit anderen feminisierten Menschen in aller Welt und zu ihren Arbeitsbedingungen. Das elitäre Reisen geht weit über den üblichen Strandurlaub hinaus, den eine Frau früher mit ihren »Freundinnen« unternahm. Im Vordergrund stehen heute (trotz der globalen Pandemie!) das Verschieben der eigenen Grenzen, neue aufregende Erlebnisse und letztendlich die Neuerschaffung der eigenen Person und Identität.

Nehmen wir als Beispiel das Borgo Egnazia Tarant Wellness Retreat im italienischen Apulien; der Global Wellness Summit Report 2018 zitiert die Website:

> Das Programm kreist um die ungezügelte Katharsis in allen Herzensfragen, sei es eine Trennung oder der Verlust des Sexualtriebs. Die Bandbreite der Anwendungen

reicht von Tanzen bis Trommeln, von »archaischem Lachen und Schreien«, dem Schlagen des Tambourins, (simulierten) Schwertkämpfen, »intensiven Sitzungen« mit dem Schamanen bis hin zu überwältigenden Behandlungen bei Kerzenlicht im unterirdischen Spa ... alles mit dem Ziel, Traurigkeit, Wut, Befangenheit und Selbstverachtung der Frauen in betörende neue Selbstermächtigung zu transformieren.

Dieses Retreat ist ein typisches Beispiel für transformatorische Wellnessreisen, dazu kommen neue Trends wie »Painmoons«, »Scheidungs-/Trennungspartys« und »Mama-Urlaub« (*Mumcation*). Überwiegend cisgender heterosexuelle weiße Frauen mittleren Alters aus der Ober- oder Mittelschicht können hier wieder mit sich in Einklang kommen oder sich durch »Extrem-Wellness« sogar neu erfinden.

Ein weiteres Beispiel ist das Rythmia Life Advancement Center, ein prächtiges All-Inclusive-Luxusresort mit medizinischer Zulassung in Guanacaste, Costa Rica, in dem man mit Ayahuasca oder anderen Halluzinogenen und psychedelischen Drogen sein Bewusstsein erweitern kann, fallweise auch mit Hilfe eines authentischen einheimischen Schamanen (natürlich gegen Aufpreis). Der Website zufolge können Urlaubende dort »mithilfe des Rythmia-Way-Programms ihres höchsten Potenzials gewahr werden«. Ayahuasca-Zeremonien, Yoga, Einweisung in die Metaphysik, Darmspülungen, transformatorische Atemarbeit, Massage und Bio-Lebensmittel direkt vom Bauernhof sind im Preis inbegriffen (schon ab 299 Dollar pro Nacht!). Das klingt echt transformatorisch, und wir bezweifeln keine Sekunde, dass ein Besuch uns für alle Zeiten verändern (und vielleicht sogar den Weltfrieden einläuten?) würde.

Auf einer bewaldeten abgelegenen Privatinsel in der Ostsee vor der finnischen Küste entstand »Super She Island«. Dem Global Wellness Summit Report 2018 zufolge steht diese Hotelanlage »nur Frauen offen, die sich um eine Mitgliedschaft bewerben (es halten sich immer nur zehn Frauen gleichzeitig dort auf). Sie vertiefen sich in Yoga, Sauna und Meditation, genießen das frische Essen vom Bauernhof und das freie Herumstreifen auf der Insel. Dahinter steht die Philosophie, dass Frauen für ihr Glück die Gesellschaft anderer Frauen brauchen und Orte, an denen sie sich frei von Ablenkung neu kalibrieren können.«

Das ist natürlich super für die Ladys, die unabgelenkt in die Natur abtauchen, aber dass für »Frauen-Empowerment« eine ganze Insel okkupiert und kolonisiert wird, wirkt auf uns schon ziemlich grotesk, ja surreal. Auch dass der Super-She-Island-»Philosophie« so eine Art Feminismus der zweiten Welle zugrunde gelegt wird, finden wir schwer nachvollziehbar (Frauen brauchen den Umgang mit anderen Frauen, frei von Ablenkung?!?). Hier wird kultureller Feminismus (»Frauen« sind als Gruppe nett, freundlich, grundsätzlich empathisch und stets in Harmonie mit der Natur oder was auch immer) nahtlos zu einem elitären weißen (neo-)liberalen Feminismus umgemodelt, und wie das geschieht, so völlig bar jeder Selbstreflexion, ist wahrlich atemberaubend.

Das hochproblematische Verhältnis der dekadenteren Selfcare-Trends und -Unternehmen für Frauen zur einheimischen Bevölkerung und zu Indigenem Land illustriert auch WHOA Travel (»Women High on Adventure«). Kundinnen des Unternehmens sind abenteuerlustige Frauen, die extreme und transformatorische Reiseerlebnisse suchen. WHOA hat »Frauen ›Wahnsinns‹-Abenteuer in 65 Ländern ermöglicht«. Im Expeditionsprogramm stehen unter anderem »eine Trekkingtour zum Basislager des Mount Everest und eine Besteigung des Kilimandscharo (einmal wird der Gipfel am Internationalen Frauentag erreicht)«. Du lieber Himmel! WHOA hat aber nicht nur die Wellness der Touristinnen im Blick, sondern ausdrücklich auch »sinnhafte authentische Beziehungen« zu den Frauen und Kindern, die im jeweiligen Reiseland leben.

Auf der Kilimandscharo-Tour wohnen die Gäste beispielsweise in einem gemeinnützigen Hotel, aus dessen Erlösen eine örtliche Schule finanziert wird, und in den Reisekosten der Teilnehmerinnen ist die Teilnahme zweier einheimischer Frauen an der Besteigung inbegriffen. Auch hier mag das in den Ohren elitärer Abenteurerinnen nach einem netten sozialen Extra klingen. Wir finden es unerhört, dass man etwas »zurückzugeben« meint, indem man zwei Frauen (die bereits dort wohnen, wo die anderen erlebnishungrigen Frauen Urlaub machen!) in ihrer eigenen Heimat zu einer Wander- oder Klettertour einlädt.

Schließlich sei erwähnt, dass ganzheitliche Wellness, Extrem- und Transformationsreisen sowie Workshops für Tantra und achtsamen Sex (für die, die es sich leisten können) manchmal auch im Paket angeboten werden.

In der Netflix-Serie *(un)gesund* erklärt die selbsternannte Lehrmeisterin, Heilerin und Spezialistin für Energiearbeit Sasha Cobra in ihrem Wellness-Resort im mexikanischen Tepotzotlán: »Ich bin Tantra.« Ein »informelles Training mit einem Mann, der diese Arbeit seit vielen Jahren macht«, war für Cobra der Auftakt zu dem, was sie als »The Work« bezeichnet; diese führe sie immer zu derselben Frage: »Wie verbindet man sich mit seiner sexuellen Energie?« Zum Preis von 250 Dollar für ein einstündiges Online-Beratungsgespräch oder von 275 Dollar für ein persönliches Gespräch zeigt sie es Interessierten (regenerative Energie- beziehungsweise Körperarbeit kostet laut Website 600 Dollar pro Online-Sitzung, in der persönlichen Konsultation bis zu 2.200 Dollar).

Die orgasmische Energie, so Cobra, befreie »den Körper von traumatischen Erlebnissen [...] – es ist ein Reinigungsprozess«. In einer Episode von *(un)gesund* wird ein Skype-

Workshop mit mehreren Frauen und Männern gezeigt; Cobra beginnt das Tantra-Training folgendermaßen: »Die Männer richten ihr Bewusstsein auf den Genitalbereich, die Frauen richten es auf das Herz. [...] Macht Liebe mit eurer Umgebung.« Tantra heißt, »dass du dem Leben ermöglichst, durch dich zu leben«. Du wirst zum Orgasmus. »Manche Leute können gut malen, andere sind gute Musiker oder tolle Köche. Ich kann Leuten Ganzkörperorgasmen verschaffen«, so Cobra.

In ihrem Frauen-Workshop »Öffne dich dem Genuss« sagt Cobra: »Es geht nicht [nur] um den Genuss, sondern um unsere Gesundheit. Wir erkunden, was es bedeutet, eine Frau zu sein. Der Genuss ist dabei ein Hilfsmittel. Genuss und Sinnlichkeit sind Heilmittel, vor allem für den weiblichen Körper. [...] Wenn ich mit Frauen spreche, gibt es ein wiederkehrendes Thema: Das Warten auf den richtigen Mann. [...] Der Richtige für was? Der Workshop [...] soll *Frauen ermächtigen.*« Als sie den Frauen darlegt, wie wichtig es ist, zu ächzen, zu stöhnen, zu schreien und zu knurren, deutet sie auf ihre Kehle und sagt: »Aber haltet *diese* Vagina geöffnet.« (Hä?) Gegen Ende des Interviews erklärt sie: »Frauen sind orgasmische Energien. Frauen sind Sex. Weil ihnen ihr Leben lang gesagt wird, sie sollen brav sein, verschließen sie sich. Sie spielen eine Rolle, und damit verletzen sie sich. Wenn man Frauen erlaubt, ihre Sinnlichkeit auszuleben, ist das ungeheuer kraftvoll [*empowering*].«

Das klingt wirklich wunderbar, und auch wir finden, Frauen (und Menschen jedes Genders!) sollten Autonomie und Kontrolle über ihren Körper und ihre Sexualität haben. Ernsthaft. Das ist wirklich stark, diese Betonung von Beziehungen, geteilter Energie und der Heilung von Traumata, und natürlich sehnen sich viele Menschen, die in ihrem Leben abgekoppelt und isoliert sind, nach Wiederbelebung. Dass diese Wiederbelebung jedoch an die westlich definierte Geschlechterbinarität, an Weißsein und Kommerzialisierung im neoliberal-rassistischen Kapitalismus geknüpft wird, ist gelinde gesagt verstörend. Ganz zu schweigen von der Vereinnahmung »östlicher« und »urzeitlicher« Praktiken durch eine anscheinend völlig *un*kritische weiße Frau, die auf nicht abgetretenem aztekischen Land Tantra-Workshops leitet.

Die rasante Ausbreitung der Selfcare-Industrie: globale wirtschaftspolitische Folgen

Goop zieht viel Aufmerksamkeit auf sich – und auch viel Kritik und Spott.[35] Wie gesagt geht es aber ja nicht nur um Goop. Womöglich muss die Firma mittlerweile sogar als Sündenbock herhalten für alles, was in den elitären weißen cis-feminisierten Varianten der Selfcare so schiefläuft. Denise Bedell schrieb 2018 auf der Website This Is Capitalism: »Das starke Wachstum des Wellness-Sektors ist darauf zurückzuführen, dass das Interesse an gesundem Leben und gesundem Lifestyle in verschiedenen Alterssegmenten wächst. [...] Dieses unglaubliche Wachstum liefert eine solide Grundlage für neue Geschäftsentwicklungen, die von Unternehmerinnen genutzt wird [...]. Aber dass weibliche Unternehmerinnen in diesem Sektor so erfolgreich sind, hat auch andere Gründe.« Sie zeigt auf, dass Frauen »für Lifestyle-Unternehmen besonders prädestiniert sind« und zitiert Amanda Freeman, Besitzerin der Fitness-Kette SLT (Strength, Lengthen, Tone): »[Frauen] wünschen sich sinnvolle und kurzweilige Arbeit. [...] Da sie selbst auf ein ge-

35 Abgesehen von Jen Gunters mittlerweile berühmter Kritik hat auch Gabrielle Moss (2016), Herausgeberin der Online-Frauenzeitschrift *Bustle*, eine eigene Goop-Parodie verfasst unter dem Titel *Glop: Nontoxic, Expensive Ideals That Will Make You Look Ridiculous and Feel Pretentious.*

sundes Leben achten, liegt es nahe, dass sie Wellness nicht nur als Lifestyle, sondern auch als kommerzielle Chance betrachten.«

Diese (feminisierte) Marktlogik ist allgegenwärtig und spricht viele an. Sie wird daher nicht nur von goopy Gwyneth Paltrow vertreten, die wir alle so innig hassen.

Religionskomparatist David Gordon White bezeichnet die Anwendung von Tantra in der westlichen Sphäre als kulturelle Aneignung.[36] White unterscheidet Neotantra von der ursprünglichen dämonologischen Tantra-Tradition mit ihrer Sexualmagie, in der sexuellen Körperflüssigkeiten Macht zugesprochen wurde (der Initiant nahm Samenflüssigkeit des Gurus oder Scheidenflüssigkeit der Yogini zu sich). »Neotantra [...] ist meines Erachtens kein Tantra«, so White, »weil die Lehren der tantrischen Schriften nicht respektiert werden.« Das erinnert daran, was der Historiker Jeff Wilson zu buddhistischer Philosophie und achtsamem Sex gesagt hat (siehe voriges Kapitel): Eine Praxis wird aus dem ursprünglichen Bezugsrahmen gelöst, angeeignet und schließlich in einer Art und Weise verwendet, für die sie nicht gedacht war (manchmal sogar mit entgegengesetzter Intention).

Wir halten es für wenig hilfreich, die unverfälschte Anwendung der einen oder anderen Praxis zu fordern, doch dürfen wir nicht übersehen, wie diese Praktiken, nun ja, *reisen* – und dass diese Reisen materielle, politische und wirtschaftliche Auswirkungen haben. Häufig birgt die ideologische Aneignung auch starke materielle Komponenten.

Wenn wohlhabende Weiße aus dem Globalen Norden in die Fremde reisen, um die dortige Kultur »authentisch« zu

36 White wird in der zweiten Episode der Netflix-Serie *(un)gesund* über tantrischen Sex neben Sasha Cobra und Michaela Boehm interviewt. Wir zitieren hier aus diesem Interview.

erleben und »mit der einheimischen Bevölkerung in Berührung zu kommen«, so tragen sie ideologische Aneignung hinaus in die Welt, und das hat wirtschaftspolitische Folgen. Zentren für tantrischen Sex nehmen ganz real Raum ein und wirken sich in diesem Raum real auf Umwelt, Wirtschaft und Menschen aus. An vielen Orten finden die Einheimischen dann auch nur im Tourismus Arbeit, was erklärt, warum Wellness-Lifestyle-Immobilien, die Spa-Branche und der Wellness-Tourismus auf dem Markt für alternative Gesundheit und Wellness zu den lukrativsten Wachstumssektoren gehören. Viele Reisende fordern darüber hinaus im Extrem- und Transformationstourismus »Authentizität« ein und wollen wahrhaftig in »eine andere Kultur« hineinschnuppern; entsprechend wählen sie ihren Wellness-Urlaub nach diesen Kriterien aus.

Was kann man dagegen unternehmen? Wie im vorigen Kapitel angesprochen, werden wir uns am Ende des Buches einige weniger ausbeuterische und sogar dekoloniale Selfcare-Alternativen ansehen. Hier wollen wir schon mal erwähnen, dass Organisationen und Aktivist*innen einfache Vorschläge gemacht haben, wie man Reisen und Selbstfürsorge aufmerksamer, bewusster und verantwortlicher gestalten kann.

So bietet die Zeitschrift *Yes!* Tipps für faireres Reisen, unter anderem: in Privathaushalten vor Ort essen, Wohnungstausch (andere Reisende in den eigenen vier Wänden unterbringen), Privatunterkünfte buchen, das Geld bewusster ausgeben (lokale oder Fairtrade-Produkte kaufen) und Touren verantwortlich gestalten (Nationalparks besuchen, bei Gastfamilien wohnen und natürlich den eigenen CO_2-Fußabdruck im Auge behalten).[37] Die Vorschläge bleiben etwas vage, aber es wird hoffentlich klar, was gemeint ist.

37 Wafai, Larson und Pucci (2019).

Der Themenkomplex ist kompliziert, denn oft hört man auch, touristische Urlaubsreisen seien generell inakzeptabel (besonders für Weiße). In den letzten Jahrzehnten haben Schwarze Feministinnen beredte und vernichtende Kritik an der Tourismusbranche geübt, besonders am Karibik-Tourismus (denken wir an Jamaica Kinkaid, M. Jacqui Alexander und andere brillante Autorinnen). Manche sagen: »Bleibt zu Hause.« Natürlich wollen wir wie andere auch hin und wieder unsere Wohnung und Umgebung verlassen. Aber wir lernen gerade, dass man dabei die Folgen seines Tuns und sogar Gerechtigkeit im Hinterkopf haben kann. Ein kleiner Schritt könnte dahin gehen, dass man einfach nicht so weit verreist oder dass man, wenn man sich schon ein Reiseziel mit einer besonders widerwärtigen Tourismuswirtschaft aussucht, genau überlegt, wie man hinkommt und was man dort unternimmt (und diese Fragen selbstverständlich schon im Vorfeld klärt).

Reise-, Tourismus-, Immobilienwirtschaft und viele andere Bereiche des Selfcare-Marktes nehmen als eine wichtige Klientel Frauen ins Visier, die neuerdings über erhebliche abschöpfbare »Kaufkraft« verfügen. In Hinblick auf jüngere und kommende Trends in der Wellness-Branche gelten Frauen als wichtige »Erstanwenderinnen« wie auch als »Wegbereiterinnen« von Wellness- und Selfcare-Geschäftsmodellen (was *Form* wie auch *Inhalt* angeht). Aber: Wer genau sind diese *Frauen*? Was für eine *Weiblichkeit* wird in dieser neuen und aufregenden kapitalistischen Strömung vermarktet? Und vor allem: Welche Frauen profitieren von diesen Marken (siehe Einleitung)? Welche Frauen (und Menschen anderer Gender) leiden darunter?

Bisweilen hört man auch, die Selfcare-Branche müsse sich einfach mehr Menschen – und besonders mehr nichtweißen Menschen – öffnen. So zeigt Tariro Mzezwa 2021 in ihrem Artikel »The Travel Industry's Reckoning with

Race and Inclusion« auf, dass Schwarze und andere Reisende of Color in den USA die Tourismusbranche verändern, indem sie die Reiseagenturen an das Inklusionsversprechen erinnern, das diese im Zuge der antirassistischen Demonstrationen 2020 abgegeben haben. Sie suchen sich Firmen aus, die nicht nur die wohlhabende weiße Basis ansprechen, sondern gezielt auch People of Color. Zudem wählen viele bewusst Tourismusbetriebe aus, die in Schwarzer Hand sind. Mittlerweile gibt es entsprechende Forderungen nach Inklusion – und Sicherheit – auch für Frauen und LGBTQ-Reisende.

Ruchika Tulshyan interviewte 2021 die Autorin des neu erschienenen Buches *We Should All Be Millionaires,* Rachel Rodgers, für die *New York Times.* Rodgers geht in ihrem Buch der Frage nach, wie Schwarze Frauen besser an Risikokapital kommen können. »Mehr nichtweiße, nichtmännliche Menschen sollten ein siebenstelliges Einkommen erreichen«, schreibt sie. Ihr Buch ist ausdrücklich als Finanzratgeber konzipiert, der darauf abzielt, »dass vor allem Frauen of Color, queere Frauen und Frauen mit Behinderung, die traditionell aus der Gutverdienenden-Welt ausgeschlossen sind, mehr verdienen und Wohlstand und wirtschaftliche Macht aufbauen«. Rodgers zeigt auf, dass »die meisten Finanztipps People of Color ausschließen und sich Frauen, um mehr Geld zu verdienen, erst einmal ihre Wünsche vergegenwärtigen müssen; sie krempelt den Kapitalismus um, damit er mehr als nur einer Handvoll Menschen nützt«:

> Wie jahrzehntelange Forschung zeigt, sind erfolgreiche Menschen von anderen erfolgreichen Menschen umgeben. Sie haben ein starkes Netzwerk. Wer dagegen in einem armen Viertel aufgewachsen ist wie ich, hat kein starkes Netzwerk. Ich musste mir mein eigenes Netzwerk schaffen [...]. Fragt euch, *was* ihr wirklich wollt.

> *Dann* rechnet euch aus, was das kostet. [...] 80 Prozent der Unternehmerinnen machen nie mehr als 50.000 Dollar Jahresumsatz. Das ist empörend. In meiner Kanzlei kam ich auf eine sechsstellige Summe und hatte nicht das Gefühl, »angekommen« zu sein. [...] Wenn ich es mit meinen sehr bescheidenen Ressourcen geschafft habe, kann es jede andere Frau of Color auch schaffen. Und für diejenigen, die wirklich nicht die Möglichkeit haben, müssen wir anderen es schaffen, um ihnen Chancen eröffnen zu können.

Rodgers bringt hier viele gute Argumente, und wir stimmen der Aussage, dass man diversen Bevölkerungsgruppen mehr »Finanzwissen« beibringen muss, voll und ganz zu. Trotzdem widerstrebt es uns, den Kapitalismus umzukrempeln, »damit er mehr als nur einer Handvoll Menschen nützt« – mutmaßlich durch die Bereitstellung von mehr Risikokapital.

Diversität, Gleichstellung und Inklusion – Schlüsselbegriffe unserer Zeit – sind natürlich unglaublich wichtig. Aber wenn wir uns ansehen, wie enorm ungleich die Menschen von der globalen Zerstörung – der Umwelt und der menschlichen Lebensgrundlage – durch den Kapitalismus betroffen sind, reichen dann Initiativen für Diversität, Gleichstellung und Inklusion oder »DGI« (in der Reisebranche, in der Vermittlung von Finanzwissen) wirklich aus? Reichen sie aus, um weltweit die politisch-ökonomischen und strukturellen Veränderungen herbeizuführen, die so dringend gebraucht werden?

Oder schreiben Bemühungen um Diversität, Gleichstellung und Inklusion die vielen Tücken des (neo-)liberalen Feminismus womöglich nur fort? Während gleichzeitig globale koloniale Strukturen ausgeblendet oder, schlimmer noch, zementiert werden?

Neoliberaler Feminismus, woke Arbeit und »vertiefte Inklusion«: Versprechen und Tücken von DGI

Wir haben hoffentlich überzeugend dargelegt, dass der neoliberale Feminismus entscheidend daran beteiligt war, die Selbstfürsorge auf die kapitalistische Schiene zu setzen. Abweichend von früheren radikalen Fürsorgepraktiken streben neoliberale Feministinnen über die Ausweitung wirtschaftlicher Chancen für Frauen (manchmal sogar Frauen of Color!) Empowerment an und propagieren Chancengleichheit, das heißt, Frauen sollen sich auf »demselben Spielfeld« betätigen können wie Männer. Aus Sicht des neoliberalen Feminismus ist der globale Kapitalismus nicht etwa Ursache für Ungleichheit, sondern vielmehr ein Vehikel, mit dem sich größere soziale Gleichheit erreichen lässt. Und um die von der anhaltenden Ungleichheit ausgelösten Nöte und Traumata zu lindern, muss frau den Markt erobern. Genauer gesagt geht es um *Selbstinvestition*, das heißt, die gleichzeitige Optimierung der persönlichen Marke und des Wohlbefindens.

Repräsentiert wird der neoliberale Feminismus nach Selfcare-Art durch die Global Wellness Initiative (GWI), eine Informationszentrale für brandneue Gesundheits- und Wellness-Trends und so etwas wie eine gemeinnützige NGO, die Unternehmen unterstützt (wir zitieren in diesem Buch immer wieder Zahlen aus GWI-Berichten, die sehr gründlich recherchiert und stets am Puls der neuesten Entwicklungen im Selfcare-industriellen Komplex sind!).

Einmal jährlich veranstaltet die GWI den »Global Wellness Summit«, eine Branchenkonferenz mit hohen Eintrittspreisen, handverlesenen Delegierten und mehreren Zugangsebenen (2021 wurde die Konferenz wegen der COVID-19-Delta-Variante [vermuten wir jedenfalls] von Tel Aviv nach Boston verlegt, die letzte fand im Herbst 2022 in Tel Aviv statt). Parallel zur Konferenz erscheint ein Bericht, in dem Branchenentwicklungen und neueste Moden dargestellt werden. Der Global Wellness Trends Report zur Konferenz 2018 beschreibt die damals aktuellen Debatten folgendermaßen: »Infolge einer neuen Feminismuswelle, eines eher politischen Selbstfürsorge-Konzepts (weniger Ich, mehr Wir) und der wachsenden Einsicht, dass Regierungen und die Medizin es nicht gerade eilig haben, ›Lösungen‹ für Körper und Leben der Frauen zu liefern [...], gibt es starke Überschneidungen zwischen Empowerment, Feminismus und Wellness. [...] Es entsteht eine neue feministische Wellness, und das ist auch nur logisch, liefert doch die Welt der Wellness schon seit Jahren ›Lösungen für Frauen‹.«[38]

Den Autorinnen zufolge leuchtet dieser Trend – »Frauenermächtigung trifft auf Wellness« – durchaus ein, da »Wellness-Konzepte sehr stark dem Prinzip ›von Frauen für Frauen‹« folgten. Merriam-Webster habe zwar »Feminismus« zum Wort des Jahres 2017 gekürt, aber genauso gut hätten »Wellness« oder »Selfcare« diesen Titel erhalten können. Die Trendsetterinnen beklagen allerdings, in diesem Fall wäre gleich auf dem zweiten Platz wohl »Wellness-*Bashing*« gefolgt, da »gegen Wellness anscheinend lauter gelästert wird als gegen die Tabak- und Pharmaindustrie«. Die Medien, heißt es, gössen ihren Spott über einfältige Wellness-Stars ebenso aus wie über besonders maßlose, narzisstische, apolitische, elitäre und wissenschaftlich nicht belegte Wellness-Trends. Dieses »Wellness-Bashing« sei bedauernswert, da es »für nichts mehr medizinische Belege gibt als für den gesundheitlichen Nutzen von gesundem Essen, Sport, Stressreduzierung, Schlaf und mentaler Wellness«. (Ooh, die armen Wellness-Trendsetterinnen, ständig werden sie getriezt ...!)

Wie immer man die Sache dreht: Frauen sind als Inno-

38 GWS (2018), S. 83.

vatorinnen, Unternehmerinnen und Praktizierende tief in den Wellness-Markt eingedrungen und nehmen in dieser Branche (und in allen ihren Mini-Sektoren) eine »ermächtigte« Position ein. In nicht wenigen Firmen sind sie Mehrheitsgesellschafterinnen.

Fachleute für Wellness-Trends verweisen auf Clubs und Coworking Spaces nur für Frauen (»diverser« politischer Ideologien!), den »Femtech«-Boom und den Erfolg anderer smarter Lösungen für verkörperlichte Probleme sowie auf die neue weibliche Führungsriege in allen möglichen Bereichen, ob sie nun in der Personalabteilung Wellness-Programme für den Arbeitsplatz verantworten, Sexspielzeug im Internet vertreiben oder Modefirmen leiten. Wenn Frauen auf einem kapitalistischen Markt eine wirtschaftlich mächtige Position einnähmen, heißt es, sei das grundsätzlich *feministisch*. Und die veränderten Branchen und Märkte, die diese neuen Feministinnen der »vierten Welle« hervorbrächten[39] – oder doch zumindest beeinflussten –, nähmen »vertiefte Inklusion« und die *Thrive Revolution*, also das »Gedeihen« am Arbeitsplatz sehr ernst. Der Global Wellness Economy Monitor des GWI berichtet 2018 zur »Workplace Wellness«: »Künftig wird es bei der Wellness am Arbeitsplatz nicht mehr darum gehen, arbeitsbedingte Gesundheitsschäden zu lindern, sondern Motivation, Engagement, Kreativität, Flow, kognitive Fähigkeiten und so weiter zu verbessern – kurz: das Gedeihen am Arbeitsplatz.« Wow.

Was aber ist unter dem »Gedeihen« am Arbeitsplatz zu verstehen? Zu den wichtigsten Elementen, heißt es, gehören:

---

39 GWS (2018), S. 92f.: Der Bericht beschreibt »unsere vierte Feminismuswelle« als »wilder und härter, unorthodoxer und kreativer, etwas weniger mit dem Ich als dem Wir beschäftigt, und egal, ob und inwieweit Feminismus ein politisches Etikett ist, das man sich stolz anheftet, ist er im Grunde ein Lebensstil«.

1. »das Wohlbefinden des WIR« (die Einsicht der Arbeitgebenden, dass Erfolg »Gedeihen« voraussetzt und dass sie mit einer entsprechenden Arbeitskultur Talente für sich gewinnen und halten können),
2. ein »zielorientierter Arbeitsplatz und die bewusste Entwicklung von Führungsqualitäten« (hier liegt die Betonung darauf, »das Vertrauen zwischen Wirtschaft und Gesellschaft [wieder] herzustellen«),
3. »mentale Wellness und individualisiertes Wohlbefinden« (mit einem Schwerpunkt auf der Förderung von Glück, Generativität, Effektivität und Erfahrung am Arbeitsplatz, indem man DNA und andere Biomarker testet und Techniken für die kognitive Verhaltensänderung etc. einsetzt, um Gehirnaktivität und Produktivität zu steigern und Stress zu reduzieren), und für unser Buch besonders interessant:
4. »frauenfreundliche« Arbeitsplätze und »vertiefte Inklusion« (frauenfreundliche Arbeitsplätze, heißt es, ermöglichen »eine Fokussierung auf Diversität, die Schwierigkeiten der Care-Arbeit, Lohndiskrepanzen, Altersdiskriminierung und andere Probleme, unter denen Frauen besonders leiden. Um alle Talente nutzbar zu machen, bedarf es ›vertiefter Inklusion‹. Echte Diversität und Inklusion lassen wissenschaftlichen Erkenntnissen zufolge innovativere, engagiertere und leistungsfähigere Teams entstehen, steigern Rentabilität und Markenattraktivität und ziehen Talente an«).

Zwar zielt die *Thrive Revolution* am Arbeitsplatz vordergründig auf »ein vertrauensvolles Umfeld gegenseitigen Respekts und psychischer Sicherheit« ab, doch im Zentrum steht die Optimierung »der gemeinsamen Resultate« (von Firma und Beschäftigten) – oder besser gesagt, die »gemeinsame« Investition in Umsatz und Profit.

Damit sind wir Welten entfernt von revolutionären

feministischen Methoden wie der Gebärmutterhals-Selbstuntersuchung im heimischen Wohnzimmer oder dem Kampf um Gleichberechtigung in Care-Kollektiven: Hier haben wir es mit purem neoliberalen Feminismus zu tun.

Fürsorge oder *Care* verträgt sich hier unübersehbar mit dem allmächtigen Dollar.

Wenn »Diversität«, »Gleichberechtigung« und »Inklusion« Schlüsselwörter sind, so gilt das auch für »Empowerment« oder häufiger »Self-Empowerment«, also Selbstermächtigung. Die wichtigsten Hashtags sind, zumal seit dem großen Women's March 2017 und #MeToo: #thefutureisfemale, #smashthepatriarchy, #neverthelessshepersisted und #nastywomenunite.

Mit der Betonung »vertiefter Inklusion« schaffen die neuen Gesundheits- und Wellness-Unternehmen nicht nur Raum für Frauen, die den Wellness-Sektor im Sturm nehmen. Diese Frauen sind darüber hinaus nicht mehr von vornherein weiß, denn die Unternehmen rücken Sicherheit und Transformation für *alle* Frauen in den Vordergrund. Im GWI-Bericht heißt es:

> #WellnessSoWhite mag ein beunruhigender Umstand gewesen sein (wenn auch bisweilen übertrieben [sic!]), doch lässt sich beobachten, dass mittlerweile auch Unternehmerinnen of Color Lösungen für Frauen of Color anbieten, seien es neue maßgeschneiderte Fitness- und Yogakurse oder Beautymarken, die Kosmetiklinien für Dutzende verschiedener Hauttöne auf den Markt bringen. Es wird mehr Wellness-Reisen geben, die unmittelbar auf das Empowerment von Frauen abzielen, unter anderem sichere Extrem-Abenteuer-Reisen für alleinstehende Frauen, mehr Retreats für die emotionale Gesundung (etwa speziell nach Scheidung/Trennung), Angebote für Frauen, die ihr sexuelles Wohlbefinden

wiedererlangen wollen, oder empowernde Schönheitsprogramme.[40]

Im neoliberalen Feminismus schließt Selbstermächtigung heute auch Diversität ein und ist manchmal sogar *multiracial.* Frauen of Color aber werden in erster Linie als Konsumentinnen auf diesem wichtigen Markt wahrgenommen und erst in zweiter Linie als Unternehmerinnen, Influencerinnen oder, in seltenen Fällen, als Gründerinnen gefeiert.

So ernten Yogastudios Schwarzer Eigentümerinnen wie Black Girl OM in Chicago oder das weltweit tätige Unternehmen OMNoire mit teuren, stets ausverkauften Retreats in Granada viel Lob, weil sie die »weiße« Epidemie in der Wellness-Branche eindämmen und Selfcare diverser und zugänglicher machen: »#WellnessSoWhite [weist] auf ein ernstzunehmendes Repräsentanzproblem [hin], obwohl Wellness-, Schönheits-, Reise- und Fitnessunternehmen aus erster Hand wissen, dass Frauen of Color von Selfcare begeistert sind und eine wichtige Klientel bilden. [...] Wir werden erleben, dass mehr Unternehmerinnen of Color Lösungen für Frauen of Color anbieten. [...] Und wir werden erleben, dass in der Wellness-Branche Unternehmerinnen of Color sichtbarer und einflussreicher sein werden, sei es als Fitness-Influencerinnen oder als Unternehmensgründerinnen – dank ihnen wird der Wellness-Markt nicht mehr ganz so weiß sein.«[41]

Wie bereits im Zusammenhang mit »BFF-Marketing« erwähnt, betonen von Frauen geleitete Unternehmen neben der »Ermächtigung« auch die »Markengeschichte« der Gründerin – eine beliebte Methode, um die emotionale Markenbindung zu erhöhen. Auf diese Art fließen Empo-

40 GWS (2018), S. 83f.

41 GWS (2018), S. 90f.

werment und sogar Aktivismus in Marketingkonzepte ein. Nehmen wir zum Beispiel Clubs, Wellness-Kollektive und Coworking-Spaces nur für Frauen. Die in New York City ansässige Firma The Wing betrieb einen politisch »unparteiischen« Club für die »Boss-Lady«, in dem die private Mitgliedschaft bis zu 3.000 Dollar im Jahr kostet;[42] zeitweise standen mehr als 9.000 Frauen auf der Warteliste. Den beiden Gründerinnen Audrey Gelman und Lauren Kassan zufolge ist der Club »keine Schwesternschaft, sondern ein Hexenzirkel«, ein »Ort für aufstrebende Frauen«. Als Prinzipien nennen die Gründerinnen »Diversität in Hinblick auf Beruf, Race und Ethnizität« und stellen klar, sie seien »kompromisslos kapitalistisch *und* aktivistisch«. Uaah!

Am Ende des GWS Trends Report 2018 werden diese Vorstellungen einer neuen »vertieften Inklusion« dezidiert und pointiert zusammengeführt: »Die jüngste feministische Welle kurbelt diese Wellness-Strömung für Frauen von Frauen weiter an. [...] Doch unabhängig davon, ob künftig ein feministisches Klima herrscht, speist sich dieser Trend aus einem starken und unbestreitbaren Fakt: dem schieren Wachstum der Kaufkraft von Frauen (und ihrer Macht durch Bildung und Wissen) – denn fast alle führenden Ökonominnen und Ökonomen sind sich einig, dass die finanzielle und wirtschaftliche *Zukunft weiblich ist*« [unsere Kursivierung].

»Feminismus« wird hier gleichgesetzt mit Zugang zum kapitalistischen Markt und Marktmacht, und natürlich steht allen ein Platz am Tisch zu. Aber wenn eine (etwas) diversere Kohorte von Elite-Frauen aus dem Globalen Norden viele Plätze am Tisch besetzt, was bringt das dann den

42 Näheres zu The Wing und den nicht besonders frauenfreundlichen (und rassistischen) Arbeitsbedingungen findet sich bei Hess (2020). Wie es BIPoC-Arbeiterinnen bei The Wing gelang, Audrey Gelman zum Rücktritt als CEO zu drängen, siehe Rosman (2020).

Menschen in aller Welt an *echter Fürsorge*, die sie ja regelmäßig auch anderen angedeihen lassen? Was unterscheidet einen *diversen* neoliberalen Kapitalismus von einer ernsthaft antirassistischen und dekolonialen Fürsorgepraxis?

Der neoliberale Feminismus von heute und der Selbsthilfefeminismus der 1970er Jahre sind (trotz Gemeinsamkeiten) nicht deckungsgleich. Der Selbsthilfefeminismus früherer Zeiten war zwar nicht ausreichend intersektional, häufig zu gynozentrisch und zu wenig mit Klassenunterschieden befasst, doch er hatte eine radikale und revolutionäre Agenda – und lieferte eine wirklich neuartige Anleitung für Leben und Fürsorge. Methode und Praxis waren politisch, auf das Wie kam es an (die Gebärmutterhalsuntersuchung zum Beispiel konnte mehr oder weniger »feministisch« durchgeführt werden, je nachdem, wie sie ablief und wer sie durchführte). Wenn das neue Protokoll unter dem neoliberalen Feminismus die »vertiefte Inklusion« am Arbeitsplatz und auf dem Markt vorsieht, haben sich Praxis und Methode dann wirklich verändert? Heute stehen offenbar Kaufkraft, Marketinggeschick und diejenigen, die den Markt vorantreiben, im Mittelpunkt des Protokolls. So werden globale Systeme der Kolonialität, Ungleichheit und strukturellen Gewalt ganz sicher nicht verändert, geschweige denn beseitigt.

Unabhängig davon, wie tief die Inklusion tatsächlich reicht, verschiebt sich, wenn sie »vertieft« und die Zukunft weiblich ist – #thefutureisfemale –, zumindest die *Wahrnehmung*. Aber sind das nicht alles nur geschäftsfördernde Werbeslogans? Haben wir es hier wirklich mit dem positiven Ergebnis eines harten Kampfes um soziale Gerechtigkeit zu tun? Wir jedenfalls glauben nicht an einen wie immer gearteten echten Wandel (auf uns wirkt das alles ehrlich gesagt eher wie weichgespülter Kapitalismus). Diese Spannung jedoch steckt definitiv im Kern der aktuellen Selfcare-Strömung.

Wir werden diese Fragen im Schlusskapitel noch einmal aufgreifen. Vorerst schauen wir uns jedoch die Selfcare-Trends in den Bereichen Ernährung, Diäten und funktionelle Medizin an, in denen uns zum Teil dieselben Probleme und Fallstricke wieder begegnen.

Kapitel 3

Ernähre deine Familie gesund und erklimme die Erfolgsleiter! Der weiße neoliberale Feminismus und die hippe Häuslichkeit der neusten Ernährungs- und Gesundheitstrends

Vor Jahren saß eine von uns im Workshop einer Gesundheitsberaterin. Die Frau arbeitete für ein großes Unternehmen für Wellness und Gewichtsabnahme, das hier namenlos bleiben soll (obwohl ihr garantiert schon davon gehört habt). Und sie erklärte ihrem Publikum, wie wunderbar sie den Gesichtsausdruck der Neulinge finde in dem Moment, in dem ihnen die Vorzüge des Programms klar würden. Es sei ein Ausdruck der Hoffnung. Sie fuhr fort: »Ich finde, genau das verkauft [Firma XY]. Unser wichtigstes Produkt ist Hoffnung.« Die Frau meinte das bestimmt ernst – sie schien von ihrer Mission wirklich überzeugt zu sein. Doch die Ironie ihrer Worte war so eklatant, dass diejenige von uns, die an jenem Nachmittag im Publikum saß, Stift und Papier zur Hand nahm, um sie aufzuschreiben.

Wir erzählen diese Anekdote, weil sie erklärt, warum so viele von uns Websites, Social-Media-Posts und Ratgeber über Gesundheit lesen; warum wir Sport- oder Küchengeräte erwerben (die zu benutzen wir uns beim Kauf fest vornehmen). Warum wir alle möglichen gesundheitsfördernden Maßnahmen, Nahrungsergänzungsmittel und Kurse ausprobieren. Vielleicht befürchten wir, dass mit uns etwas nicht stimmt. Vielleicht haben wir auch nur das Gefühl, es könnte besser laufen. Egal, was uns veranlasst, auf Google, in sozialen Netzwerken oder bei Amazon nach Antworten und Abhilfe zu suchen – immer liegt dieser Suche Hoffnung zugrunde. Und von den vielen Gesundheitsthemen, die wir im Internet recherchieren, sind Ernährung und Diäten die wichtigsten.

Aber was für Antworten finden wir dort?

Keine Ahnung, was zum Teufel Gluten sein soll, aber schädlich ist es garantiert

Es war das Jahr 2014, und der glutenfreie Lifestyle kam gerade in Fahrt. Late-Night-Moderator Jimmy Fallon wollte den neuesten Ernährungswahn durch den Kakao ziehen und schickte seine Leute los, um in einem Fitnessstudio in Los Angeles Stimmen zu sammeln. Alle Interviewten gaben an, Gluten aus gesundheitlichen Gründen und zur Gewichtsabnahme zu meiden, doch niemand konnte erklären, was Gluten eigentlich ist (möglicherweise waren zutreffende Definitionen auch aus den Interviews herausgeschnitten worden, um genau das zu beweisen). Fallon merkte an, er habe es ebenfalls nicht gewusst (Gluten, ein Proteingemisch, ist in Weizen und anderem Getreide enthalten). Aber in Los Angeles gelte es jedenfalls als Teufelszeug.

Im Vorjahr hatten 30 Prozent der Menschen in den USA angegeben, dass sie in ihrer Ernährung Gluten reduzierten oder ganz wegließen.[43] Die am häufigsten gegoogelte Diät war 2013 und 2014 die Paleo-, 2018 die ketogene Diät. Einer *Business-Insider*-Umfrage zufolge interessierte sich die Generation Y vor allem für die Low-Carb-Diät. In einer *Fortune*-Umfrage gaben mehr als 36 Prozent der Teilnehmenden an, sie hätten bereits eine Low-Carb- oder No-Carb-Diät ausprobiert. Doch nur ein Prozent der Bevölkerung leidet an Zöliakie. Warum also meiden so viele Menschen Gluten, und, allgemeiner gefragt, warum reduzieren sie Kohlenhydrate?

---

43 Mehr zu den Trends in Ernährung und Nahrungsmittelindustrie, die in diesem Kapitel erwähnt werden, siehe: American Academy of Allergy, Asthma und Immunology (o. D.), Chang und Nowel (2016), DiGiacomo u. a. (2013), Freudenberg (2014), Gaesser und Angadi (2012), Gans (2019), Kotecki (2019), Kowitt (2015), Larocca (2017), Lis u. a. (2014), Moore (2014), Newberry u. a. (2017), Strom (2014), Taparia und Koch (2015) sowie Tavakkoli u. a. (2014).

Viele, die sich glutenfrei ernähren, haben bei sich selbst eine Nicht-Zöliakie-Glutenempfindlichkeit (Non-Celiac Gluten Sensitivity, NCGS) oder eine Gluten/Getreide-Allergie diagnostiziert. Andere stützen ihre Entscheidung für eine glutenfreie Ernährung (Gluten-Free Diet, GFD) auf das Ergebnis eines Bluttests auf Nahrungsmittelempfindlichkeit, den sie von einem kommerziellen Labor haben durchführen lassen. Man beachte, dass in der medizinischen Literatur umstritten ist, ob es sich bei NCGS überhaupt um eine medizinisch fundierte Diagnose handelt. Zudem wird von Fachleuten aus Allergologie und Immunologie die wissenschaftliche Validität kommerzieller Blutuntersuchungen auf Nahrungsmittelempfindlichkeit angezweifelt. Dennoch sind Fans der glutenfreien kohlenhydratarmen Ernährung (Gluten-Free Low Carb, GFLC) der unerschütterlichen Überzeugung, dass eine solche Ernährung Symptome lindert, einen schlechten Gesundheitszustand verbessert und Lebenskraft und Wohlbefinden hebt.

Die GFLC-Ernährung ist nicht nur beliebt, sondern auch ein Riesengeschäft. Man darf nicht vergessen, dass die Nahrungsmittelindustrie verglichen mit anderen Branchen besonders stark darauf angewiesen ist, mit immer neuen Produkten Gewinne zu erwirtschaften. Auf den globalen Märkten werden Jahr für Jahr mehr als 20.000 Nahrungsmittelprodukte neu eingeführt, zwanzigmal mehr als 1970. Weil das Interesse an GFD- und GFLC-Ernährung stetig steigt, kommen unzählige zertifizierte glutenfreie Produkte und solche für die Paleo- und Whole30-Ernährung (eine noch restriktivere Variante) auf den Markt. Der Markt für glutenfreie Produkte ist von 2004 bis 2011 um 28 Prozent gewachsen und hat weltweit mittlerweile ein geschätztes Volumen von 15 Milliarden Dollar erreicht.

Mit dem wachsenden Interesse an der GFLC-Ernährung hängt auch das »Clean Eating« zusammen. Mit »sauber« ist der Verzehr frischer, unverarbeiteter Lebensmittel gemeint, um Gesundheit und Wohlbefinden zu verbessern. Häufig sind nicht gentechnisch veränderte Bio-Lebensmittel gemeint, und in einigen Varianten werden Rohkost und/oder die Reduzierung von Getreide, bisweilen auch von tierischen Produkten empfohlen. GFLC-Ernährungsweisen wie Paleo, Whole30 und Autoimmun-Paleo (eine *noch* restriktivere Variante) fallen zwar unter den breiteren Oberbegriff des »Clean Eating«, doch gibt es natürlich auch Unterschiede zwischen diesen Varianten und anderen, die eine vegane Ernährung als ultimativ »saubere« Form des Essens empfehlen.

Unabhängig davon, was man nun essen oder meiden soll, wird auch Kritik laut: Die Kategorisierung einiger Lebensmittel und Ernährungsweisen als »sauber« sei elitär, weil andere Lebensmittel dann wohl »schmutzig« sein müssten (und das gelte in Verlängerung womöglich auch für diejenigen, die sie zu sich nehmen). Wie wir später noch zeigen werden, sind die Nahrungsmittel, die für das Clean Eating empfohlen werden, darüber hinaus auch deutlich teurer als die verarbeiteten Alternativen.

Clean Eating wirkt sich auf die Märkte ähnlich aus wie GFLC. Zwischen 2009 und 2014 büßten die großen Lebensmittelkonzerne rund 18 Milliarden Dollar an Umsatz ein, weil die Leute von den zentralen Supermarktregalen mit den verarbeiteten Lebensmitteln zu den Regalen am Rande strömten, wo die frischen Waren angeboten werden. Auch der Umsatz mit frischer Fertignahrung hat in den letzten zehn Jahren um fast 30 Prozent zugenommen. Der Umsatz mit Bioprodukten hat sich zwischen 2004 und 2014 fast verdreifacht. Entsprechend geht der Verkauf von Babynahrung seit mehr als zehn Jahren zurück, weil zahlreiche Eltern den Brei selbst kochen oder die Bio-Variante kaufen. Laut der schon erwähnten *Fortune*-Umfrage versuchen mehr als drei Viertel der Befragten, sich gesünder zu ernähren; fast 65 Prozent achten beim Einkauf sehr oder extrem auf die Vermeidung von Pestiziden, mehr als 85 Prozent befürworten eine Kennzeichnung gentechnisch veränderter Nahrungsmittel. Und schließlich geben etwa 42 Prozent der Millennials an, den großen Nahrungsmittelkonzernen nicht zu vertrauen.

Ist die neue natürliche Ernährung dasselbe wie die alte natürliche Ernährung? (Ein historischer Abriss)

Dass spezifische Ernährungsweisen empfohlen werden, um Krankheiten zu vermeiden oder zu heilen und Gesundheit, Wohlbefinden und Vitalität zu verbessern, ist nichts Neues. In westlichen Gesellschaften werden Ernährung und Gesundheit schon seit Hippokrates im fünften Jahrhundert v. u. Z. miteinander in Verbindung gebracht.[44]

Aber spulen wir die Zeit ein bisschen weiter vor. Egal, ob wir verarbeitete Produkte kaufen oder nicht, haben wir in den Vereinigten Staaten jedenfalls alle schon von »Graham Crackers« und »Kellogg's Cornflakes« gehört. Nicht Reverend Sylvester Graham hat Anfang des 19. Jahrhunderts die Graham Cracker erfunden, sondern seine Gefolgschaft, die Grahams Ansichten zu Gesundheit, Ernährung und Moral unters Volk brachten. Der gute Pastor war ein früher Verfechter natürlicher Gerichte, die (selbstverständlich von Frauen) zu Hause zubereitet wurden. Industriell verarbeitete Lebensmittel, so Graham, verstießen gegen Gottes Gesundheitsgebote, entkräfteten den Körper und verstärkten bei jungen Leuten den Drang zum Masturbieren (vielleicht war das damals ein stärkeres Argument?). John Harvey Kellogg, einer von Grahams Schülern, stufte Weißmehl und raffinierten Zucker als unnatürlich ein –

---

44 Zur Geschichte der natürlichen Ernährungsformen siehe Cardenas (2013), Laurdan (2001), Levenstein (2012) und Martin (2003).

nur pikanterweise nicht in den Getreideprodukten, die er entwickelte!

Der Trend zu natürlichen und unverarbeiteten Lebensmitteln trat Anfang des 20. Jahrhunderts in den Hintergrund, als große Lebensmittelkonzerne nahrhafte und sicherere (längere Haltbarkeit!) Nahrungsmittel für immer mehr Menschen bereitstellten. Dennoch hatten im gesamten 20. Jahrhundert auch gesündere und einfachere Ernährungsweisen ihre Fans.

So »entdeckte« in den 1930er Jahren der in Indien stationierte britische Kolonialarzt Sir Robert McCarrison, dass im »unzivilisierten« Himalaya-Volk der Hunza Erkrankungen, die »zivilisierte« Menschen im Westen plagten, nicht auftraten. McCarrison gelangte zu dem Schluss, die Hunza verdankten ihre Gesundheit und Langlebigkeit der natürlichen und unverarbeiteten Nahrung. Diese Interpretation schlug sich noch jahrzehntelang in westlichen Büchern und Filmen nieder (das Klischee vom geheimnisumwitterten exotischen Wilden ist halt unverwüstlich). Einer, der sie aufgriff, war Jerome Irving Cohen (der seinen Nachnamen später in Rodale änderte); er schrieb das höchst populäre Buch *The Healthy Hunza* und gründete später beliebte Zeitschriften wie *Organic Farming and Gardening* und *Prevention.*

In den 1960er und 1970er Jahren griffen Hippies und Gruppierungen der Neuen Linken die »natürliche« Ernährung auf und mieden Zusatz- und Konservierungsmittel sowie Produkte aus konventioneller Landwirtschaft. Diese Bewegungen strebten (unter anderem) eine Autarkie in Gesundheitsfragen an, um sich der Kontrolle suspekter Institutionen wie Staat und Industrie zu entziehen. Ende der 1970er Jahre war eine Mehrheit der US-Bevölkerung überzeugt, dass natürliche Lebensmittel gesünder und sicherer sind. Das blieb in der Lebensmittelindustrie nicht unbemerkt, die das Etikett »natürlich« fortan als starkes Marketinginstrument nutzte. Im Jahr 1977 enthielten bereits 25 Prozent aller Anzeigen in Frauenzeitschriften den Hinweis darauf, wie wichtig alles »Natürliche« für Gesundheit und Wohlbefinden sei.

Einen völlig anderen Ansatz verfolgte Dr. Robert Atkins mit seiner extrem kohlenhydratarmen Diät. Atkins begann in den 1970er Jahren mit der Veröffentlichung von Büchern, in denen er die Vorzüge seiner Diät vorstellte. Er propagierte nicht die Rückkehr zu einer einfacheren, natürlicheren Ernährung, sondern warb für den Verzicht auf Kohlenhydrate zur Gewichtsreduktion und zur Verbesserung der Gesundheit. Seine Methode verband schulmedizinische Elemente mit Techniken der Komplementär- und Alternativmedizin.

Heute wird Clean Eating nicht (ausdrücklich) für die Gewichtsreduktion empfohlen. Vielmehr soll die Rückkehr zu einer »natürlicheren« Ernährung eine positive Wirkung auf die Gesundheit haben. Wie die diversen Gesundheitsbewegungen der Vergangenheit rühren gesundheitsfördernde Ernährungsweisen auch heute (siehe Einleitung) aus Ängsten der (weißen) Mittelschicht her. Eine weitere Ursache sind die Enttäuschung vom Gesundheitssystem, der Lebensmittelindustrie, der Pharmaindustrie und dem Staat und das daraus entstehende Misstrauen ihnen gegenüber. Häufig wird eine romantische (und aus unserer Sicht *koloniale*) Sehnsucht nach »einfacheren Zeiten« geschürt, in denen die Menschen sich angeblich nicht so abhetzten und im Einklang mit der Natur lebten. Dies gilt unter anderem für Ernährungsweisen, die sich am Speiseplan unserer Vorfahren und an alternativen Heilpraktiken orientieren. Damit beschäftigen wir uns als Nächstes.

Funktionelle Medizin: Wie unkonventionell ist sie wirklich?

Weil Nicht-Zöliakie-Glutenempfindlichkeit und (einige) Autoimmunerkrankungen medizinisch so umstritten sind, holt sich die Anhängerschaft der GFLC-Ernährung Informationen und Rat jenseits der Biomedizin, besonders von alternativen Heilmethoden. Sie gelten als verlässlicher als die Allopathie, der eine zu große Nähe zur Pharmaindustrie nachgesagt wird. Die Naturheilkunde gründet auf dem Glauben an die körpereigenen natürlichen Heilkräfte, die durch die Vermeidung einiger und den Verzehr anderer Nahrungsmittel ebenso gestärkt werden wie durch Entgiftung, die Einnahme von Nahrungsergänzungsmitteln und andere Lebensstilveränderungen. Die ganzheitliche Methode bedient sich eines personalisierten Ansatzes. »Funktionelle Medizin«, die eng mit GFLC-Ernährungsweisen verzahnt ist, beinhaltet naturheilkundliche wie auch einzelne allopathische Elemente.

In der funktionellen Medizin betrachtet man den Körper als dynamisches System, in dem Gesundheit oder Krankheiten aus Wechselbeziehungen zwischen biologischen und Umweltfaktoren entstehen (meist sind das Ernährung, Lebensstil, Mikroben, Allergene, Umweltgifte, soziale Beziehungen und Stressfaktoren). Aufgrund dieser Sichtweise, heißt es, arbeite die funktionelle Medizin *mit* dem Körper, indem sie Erkrankungen und einem schlechten Gesundheitszustand auf den Grund gehe, statt Leiden unsystematisch zu behandeln und Symptome mit Medikamenten und Operationen zu unterdrücken. Viele Praxen der funktionellen Medizin kombinieren »das Beste aus beiden Welten« und beschäftigen Allopathie-Fachleute (zum Beispiel ärztliches und Pflegepersonal) ebenso wie ausgebildete Praktizierende der Komplementär- und Alternativmedizin (etwa im Bereich Akupunktur und Naturheilkunde) sowie Gesundheits-Coaches.

Um die wichtigsten Grundsätze (und Beschränkungen) der funktionellen Medizin in ihrer derzeitigen Form zu verdeutlichen, sehen wir uns Chris Kresser und seine Arbeit an. Kresser betreibt in Zusammenarbeit mit anderen eine Praxis sowie ein Ausbildungsinstitut für funktionelle Medizin. Der wichtigste Vorzug der funktionellen Medizin für diejenigen, die sie anbieten und in Anspruch nehmen, sei, so Kresser, dass sie »schlanker« und stärker »menschbezogen« sei. Damit meint er, dass in der funktionellen Medizin Kosten niedrig gehalten werden können, weil Anbieter nicht über die Krankenkassen abrechnen müssen und persönliche und virtuelle Termine kombinieren können. Durch die Kostenreduzierung könne die Praxis flexibler agieren und pro Tag weniger Termine einplanen, sodass mehr Zeit bleibe, sich mit den neuesten wissenschaftlichen Erkenntnissen auseinanderzusetzen, längere Gespräche zu führen und eine individuelle Versorgung zu gewährleisten. Zwar werden manche Blutuntersuchungen und andere Tests von der Krankenkasse oder dem arbeitsplatzabhängigen Health Savings Account bezahlt, aber im Großen und Ganzen wird funktionelle Medizin in den USA privat abgerechnet.

Kresser führt noch einen anderen Grund für diese Abrechnungsweise an: Die Krankenversicherungen, meint er, orientierten sich nicht an der Gesundheit der Bevölkerung, denn schließlich machten sie ja Gewinn mit den stetig steigenden Gesundheitskosten (die wiederum aus der rasant wachsenden Zahl chronischer Erkrankungen resultieren). Praxen, die sich die Kosten von den Krankenkassen erstatten ließen, könnten zudem nur Behandlungen anbieten, die von diesen auch abgedeckt würden.

Mit seiner Kritik am Gewinnstreben der US-Krankenversicherungen, das Behandlung und Pflege beeinträchtigt, hat Kresser sicher Recht. Doch ironischerweise betont er, *auch die Anbieter funktioneller Medizin* könnten ihre Einnahmen steigern.

Kresser räumt ein, dass die funktionelle Medizin aufgrund dieses Modells kurzfristig für viele unerschwinglich ist. Allerdings schlägt er Abhilfe vor, etwa einkommensabhängige Gebühren, Rabatte für Geringverdienende sowie Wellness-Gruppenkurse, die günstiger sind als Einzelsitzungen. Die funktionelle Medizin sei dennoch sowohl für Erkrankte als auch für den Staat langfristig die günstigere Alternative, weil sie die Krankheitsprävention in den Blick nehme. »Patientinnen und Patienten müssen anfangs vielleicht mehr Geld in ihre Gesundheit investieren, aber wie bei allen guten Investitionen wissen sie, dass sie im Lauf der Zeit einen guten Ertrag erzielen.«

Wer diese Aussage als elitär empfindet (nach Gallup-Umfragen besitzt nur etwas mehr als die Hälfte der US-Bevölkerung Aktien) und bezweifelt, dass sich die Unzulänglichkeiten und Ungerechtigkeiten im amerikanischen Gesundheitssystem mit solch kurzsichtigen Maßnahmen beheben lassen, liegt völlig richtig.

Nehmen wir Parsley Health, den schon erwähnten exklusiven Anbieter funktioneller Medizin für Menschen, die es sich leisten können, »in die Zukunft zu investieren«. Die vom Mediziner und Tech-Unternehmer Robin Berzin gegründete Firma betreibt Praxen in zahlreichen Großstädten der USA und bietet Menschen abseits dieser Städte Online-Termine an. Für eine *Monatsgebühr* von 150 Dollar erhalten die Mitglieder fünf Arzttermine im Jahr, fünf Gespräche mit ihrer Gesundheits-Coach, die überprüft, ob sie sich an die Gesundheitsprotokolle halten, und eine unbeschränkte Anzahl von App-Nachrichten an Coaches und Therapierende. »Hochmoderne Biomarkertests« sind nicht in der Mitgliedschaft enthalten (ebenso wenig wie die verordneten Nahrungsergänzungsmittel und andere Dienstleistungen, Behandlungen und Präparate).

Parsley Health rechnet nicht über die Krankenkassen ab. Wie Kresser weist die Firma auf ihrer Website allerdings darauf hin, dass ihre Mitglieder die Kosten für Therapiepläne, Behandlungen und Untersuchungen gegebenenfalls über ihren Health Savings Account begleichen können.

Essen wie unsere steinzeitlichen Vorfahren: eine unbeweisbare Geschichte

Der funktionellen Medizin wie auch den GFLC-Ernährungsweisen zufolge sind Gesundheit und Heilung (und umgekehrt auch Krankheiten) eine Folge von Lifestyle-Faktoren und hier besonders der Ernährung. Melissa und Dallas Hartwig, die die Whole30-Diät entwickelt haben, behaupten im Buch zur Diät: »Ihr Essen *verbessert* entweder Ihre Gesundheit oder es *verschlechtert* sie. Sie haben die Wahl.«[45]

In der Paleo-Ernährung und davon abgeleiteten Varianten wie Whole30 und Autoimmun-Paleo (AIP) gelten Gluten und Getreide als schädlich. Die Paleo-Ernährung, die von der Gesundheitsforscherin Loren Cardain verbreitet wurde, fußt auf der Überzeugung, das menschliche Genom habe seit Einführung der Landwirtschaft nicht genügend Zeit gehabt, sich an Nahrungsmittel wie Getreide und Milchprodukte anzupassen, sodass diese Ernährung aus evolutionären Gründen nicht mit den physiologischen Prozessen in Einklang steht. Deshalb, heißt es, litten so viele Menschen an chronischen Krankheiten. Der Schlüssel zur Gesundheit liege somit in der Rückkehr zur Ernährungs-

45 Hartwig (2012, dt. 2015), S. 16.

weise unserer »Vorfahren« – also in der Vermeidung von Getreide, Hülsenfrüchten und Milchprodukten. (Sehen wir sie nicht förmlich vor uns, die altsteinzeitliche Familie, wie sie am Lagerfeuer hockt und mit Mandelmehl panierte Steaks vom Grasmast-Bison in hochwertigem kaltgepresstten Bio-Avocadoöl brutzelt …?)

Im »Global Wellness Trends Report« aus dem Jahr 2018 heißt es, so lange sei es gar nicht her, dass Ernährung und Gesundheit (und offenbar auch die Genderrollen) aus dem Ruder gelaufen seien. Im Zweiten Weltkrieg sei das Kochen am heimischen Herd ins Hintertreffen geraten, weil viele Frauen in den Fabriken den Platz der Männer eingenommen hatten. Im Bericht heißt es: »Verarbeitete Lebensmittel, Mikrowellengerichte und Tiefkühlprodukte schlossen die Lücke, die entstanden war, weil die Hausfrau nicht mehr stundenlang eine Mahlzeit zubereiten konnte.« Warum sollte sie aus frischen Zutaten ein Gericht kochen, wenn sie stattdessen eine »Familien-«Mahlzeit (das Wort steht im Bericht in Anführungszeichen) aufwärmen und gemeinsam mit der Familie vor dem Fernseher verzehren konnte?

Dass verarbeitete Lebensmittel Ernährung und Essgewohnheiten von Individuen und Familien veränderten, ist völlig unstrittig, wir stören uns aber an der Behauptung, schuld daran sei die Abwesenheit der Hausfrau. Frauen der Arbeiterklasse und Frauen of Color hatten schon lange außerhalb des Hauses gearbeitet, oft *in* den Haushalten wohlsituierter weißer Frauen. Die im Bericht geschilderten Veränderungen beschränken sich daher auf eine ausgewählte Gruppe von Familien. Wie von Historiker*innen dargestellt, waren sie den Frauen zudem *willkommen*, weil die Fertiggerichte ihnen die Plackerei in der Küche ersparten, nicht so schnell verdarben und das Familienbudget schonten.[46]

46 Eine differenzierte historische Darstellung, wie sich die Ernährung in den USA zu Beginn des 20. Jahrhunderts besonders im Hinblick

Festhalten sollten wir an dieser Stelle, dass für die Erklärung eines positiven oder negativen Einflusses der Ernährung auf die Gesundheit häufig ein Bild der Vergangenheit gezeichnet wird, das sich nicht beweisen lässt. Zwar liefern archäologische Funde den einen oder anderen Hinweis, aber wir können eben nicht in die Vergangenheit reisen und Altsteinzeitmenschen fragen, was sie essen und warum ... Andere, die sich für Paleo-Ernährung und funktionelle Medizin stark machen, weisen allerdings auch darauf hin, dass die Erkenntnisse aus der Evolution nicht eindeutig sind und Jäger und Sammler die unterschiedlichsten Nahrungsmittel verzehrten, je nachdem, in welcher Weltregion sie zu Hause waren.

Einmal abgesehen davon, was Steinzeitmenschen angeblich aßen oder nicht aßen: Welche Beweise für einen gesundheitlichen Nutzen der GFLC-Ernährung werden angeführt? Es ist eine Mischung aus anekdotischen und wissenschaftlichen Belegen. In vielen Bestsellern und Kochbüchern (und auf Websites) findet sich auch noch ein völlig anderes Narrativ, nämlich das von der Erlösung (ich war verloren, aber jetzt bin ich bekehrt): Die Autorin berichtet, sie habe lange unter diversen Erkrankungen gelitten, in der Biomedizin indes keine Lösung finden können. Sie beschreibt die frustrierende und bisweilen verzweifelte Suche nach wirksamen Therapien, die sie eine nach der anderen ohne Erfolg ausprobiert hat. Am Ende bringt die nun von ihr propagierte Ernährungsform die Rettung.

Zu den Vorzügen, die der Clean-/Paleo-Ernährung zugeschrieben werden, gehören neben der Linderung körperlicher Symptome und der Bewältigung gesundheitlicher

---

auf genderspezifische Normen und Erwartungen veränderte, findet sich bei Deutsch (2010), Laurdan (2001) und Miller (2020). Knight (2015) stellt dar, dass sich manche zur Rechtfertigung der Low-Carb-Ernährung eine evolutionäre Vergangenheit zusammenschustern, andere diese Konstrukte jedoch infrage stellen.

Probleme auch noch andere Aspekte des Wohlbefindens. So schreibt die Autorin des Buches *Nom Nom Paleo,* Michelle Tam, sie habe nach der Ernährungsumstellung einen Energieschub erlebt, Gewicht verloren und die Kraft gewonnen, neben der anstrengenden Schichtarbeit als Apothekerin auch noch zwei kleine Jungs zu erziehen, im Fitnessstudio zu trainieren und eine höchst erfolgreiche App sowie einen Blog zu entwickeln und zu pflegen. Melissa und Dallas Hartwig und ihrer Whole30-Diät zufolge berichtete ihre Kundschaft und Anhängerschaft von gesteigerter Energie, tieferem Schlaf, mehr Ausdauer und Konzentration, einer guten Verdauung und sogar »besserer Stimmung«.[47]

Um den Eindruck zu vermeiden, es handle sich hier nur um subjektive Behauptungen, wird in Texten zur GFLC-Ernährung auch auf wissenschaftliche Grundlagen verwiesen. Wer eine medizinische oder wissenschaftliche Qualifikation hat, hebt sie (bisweilen wiederholt) hervor. Manche führen Jahre (oder Jahrzehnte) klinischer Erfahrung *und* das Studium wissenschaftlicher Literatur an.

Die Hartwigs zum Beispiel lassen ihre Leserschaft wissen, in ihre Arbeit fließe »das Beste aus beiden Welten« ein, das heißt: jahrelange Lektüre wissenschaftlicher Erkenntnisse und »praktische Erfahrung« durch die Arbeit mit jenen, die die Whole30-Diät anwenden. Diese Kombination sei ein »doppelter Gewinn«. Aber, so fahren sie fort, die wahre Nagelprobe für die Wirksamkeit der Diät bestünde in den Erfahrungen derer, die sie durchführten. Das heißt, wer die Whole30-Diät mache, könne über 30 Tage in einem »Selbstversuch« herausfinden, was bei ihm oder ihr Appetit auslöst. In klinischen und Beobachtungsstudien lasse sich das gar nicht feststellen, weil wir nicht *alle* an diesen Studien teilnähmen. (Stimmt. Und wie die Hartwigs

47 Hartwig (2012, dt. 2015), S. 12.

bestimmt wissen, sind klinische Studien auch nicht so konzipiert …) Auf diese Art entstehe eine »dreifache Win-win-win-Situation«.[48]

Wer eine spezifische Ernährungsweise empfiehlt (verkauft), betont selbstverständlich den Kausalzusammenhang zwischen *Ernährung* und Gesundheit. Wir wollen echte leidvolle Erfahrungen auch gar nicht kleinreden oder herabwürdigen. (Wir kennen die Beschränkungen und Misserfolge der Schulmedizin im Umgang mit allen möglichen Erkrankungen aus erster Hand. Und auch wir nehmen regelmäßig glutenfreies Mehl, Grünkohl und Kokosmilch zu uns …) Für Menschen, die unter nicht anerkannten Krankheiten leiden, sind Körperwissen und Selbsthilfe-Initiativen unserer Ansicht nach sehr wichtig. Wir wissen um die Vorzüge *und Beschränkungen* der Wissenschaft. Gegen diese Argumente für die Clean-/Paleo-Ernährung haben wir gar nichts einzuwenden. Uns stört, wie eng und verkürzt die Ursachen verbreiteter Gesundheitsprobleme und ihre Lösungen im Lager dieser Ernährungsweisen und der funktionellen Medizin dargestellt werden.

Als Ursache für Erkrankungen und deren Lösung werden häufig Faktoren genannt, die über die Ernährung hinausgehen. Kresser zufolge kombiniert die funktionelle Medizin Paleo-Ernährung (»essen wie unsere Vorfahren«) mit körperlicher Betätigung, sinnstiftenden sozialen Kontakten, ausreichend Schlaf und einer gesunden Balance aus Arbeit und Spiel (zu diesem letzten Punkt erklärt er, Jäger und Sammler hätten nur drei bis vier Stunden am Tag gearbeitet, und zwar gemeinschaftlich und ohne Zwang. Klingt super – wir sind dabei!). Viele Ratgeber und Kochbücher zur glutenfreien und Low-Carb-Ernährung enthalten in der Einleitung ähnliche Aufzählungen. Allerdings werden diese Faktoren dem *Lebensstil* zugeordnet, lassen sich also

48 Ebd., S. 26 f.

angeblich zu einem erheblichen Anteil vom Individuum steuern.

So weisen Alaena Haber und Sarah Ballantyne in ihrem AIP-Kochbuch *Heilende Küche* die verbreitete Vorstellung zurück, wir hätten keinen Einfluss auf unsere Gesundheit, und Schuld seien vielmehr unsere Gene oder die Umwelt. Oft höre man, eine Krankheit liege in der Familie, oder die Ärzte teilten uns mit, wir hätten eben Pech, man wisse einfach nicht, »warum eine Person eine bestimmte Krankheit bekomme, während die nächste gesund bleibe. Aber in Wahrheit haben wir die Kontrolle: Es liegt fast vollständig in unserer Macht, unsere Gesundheit zu verändern und zu verbessern. Und dies beginnt damit, dass wir gesunde Entscheidungen treffen.«[49]

Wirtschaftliche Hindernisse werden häufig nicht einmal erwähnt. So heißt es im GWS-Trendbericht 2018: »Bio-Produkte kosten zwar meist mehr als solche, die unter Einsatz von Pestiziden und Düngemitteln angebaut werden, doch den Konsumierenden *macht es nichts aus*, mehr für diese Produkte zu bezahlen« [unsere Kursivierung]. Weiter weist der Bericht darauf hin, dass die Bio-Märkte wüchsen, weil der Kundschaft heutzutage »Frische und Qualität ihrer Nahrung *wichtiger sind*« [wieder unsere Kursivierung, weil – wow!]. Denen, die keine Bioprodukte kaufen, sind sie also nicht wichtig?!

Wird doch einmal auf die wirtschaftlichen Schranken durch die höheren Kosten der GFLC-Ernährung verwiesen (von Ernährungsweisen, die auf Bioprodukte, Weide- oder Grasmast-Fleisch und Wildfisch setzen, einmal ganz zu schweigen), heißt es oft, mit etwas Kreativität könne man beim Einkauf sparen. Viele stellen wie Kresser solche Hindernisse auch als ein Übel dar, das notwendig sei, um in den USA endlich ein funktionierendes Gesundheits- und

49 Haber und Ballantyne (2015, dt. 2021), S. 2.

Heilsystem zu etablieren. Nur selten kommen strukturelle Faktoren zur Sprache, die sich auf Gesundheit und gesundheitliche Ungleichheiten auswirken. Falls solche Faktoren erwähnt werden, beziehen sie sich aber meist auf bestimmte Branchen. So beklagt Kresser, die Versicherungswirtschaft habe mehr ihre Gewinne im Blick als die Verbesserung der Gesundheit. Laut Dr. David Perlmutter, Autor des Keto-Diät-Buchs *Dumm wie Brot*, profitiert die Pharmaindustrie davon, wenn es uns nicht gut geht, weil dann die Nachfrage für ihre Produkte wachse. Und ein häufiger Refrain lautet, das Essen sei einfach nicht mehr das, was es einmal war. Die Lebensmittelindustrie mache ihre Gewinne nicht mit vollwertigen frischen Produkten, sondern mit überaus schmackhaften – ja, süchtig machenden – verarbeiteten Lebensmitteln, die kaum Nährstoffe zu bieten hätten (und das stimmt ja auch). Wie der angesehene Professor für Öffentliche Gesundheit Nicholas Freudenberg von der City University of New York aufzeigt, nutzt die Branche damit den Umstand aus, dass Jäger und Sammler relativ selten Salz, Fett und Zucker abbekamen und deshalb Nahrungsmittel mit diesen Inhaltsstoffen, wenn sie welche hatten, dankbar verzehrten. Verarbeitete Lebensmittel enthielten heute außerdem Zusatzstoffe, die Geschmack und Mundgefühl verbessern.

Manchmal wird auch darauf hingewiesen, dass die großen Nahrungsmittelketten enormen Einfluss auf die Ernährungsrichtlinien des US-Landwirtschaftsministeriums nähmen. Dr. Mark Hyman, einer der Erfinder der funktionellen Medizin, geht auf die Grenzen der Ernährungswissenschaft ein, die Nahrungskomponenten oft einzeln untersucht. Dieser Ansatz, so Hyman, berücksichtige nicht, wie diese Nahrungskomponenten miteinander und mit dem komplexen biochemischen System des menschlichen Körpers interagieren. Eine solche isolierte Betrachtung nutze der Lebensmittelindustrie, weil sie mit den Erkenntnissen ein

Produkt als besonders vitamin- oder mineralstoffreich oder generell als »gesund« vermarkten könne. All diese Kritikpunkte halten wir für berechtigt. Sofern sie in Texten zur Clean-/Paleo-Ernährung und zur funktionellen Medizin erwähnt werden, bleiben sie aber im Kontext der Lebensstilfaktoren leider im Hintergrund.

Insofern können die entsprechenden Bücher kaum etwas zur Veränderung des Status quo beitragen. Im Gegenteil: Sie fügen sich hervorragend in die bestehenden rassistischen, klassistischen, sexistischen und neokolonialen Macht- und Ungleichheitsstrukturen ein.

Entspannt, schick, abgeklärt (und sehr lebendig)

In Ira Levins Roman *Die Frauen von Stepford* zieht die Protagonistin Johanna Eberhart mit ihrem Mann in eine Kleinstadt in Connecticut und beäugt dort argwöhnisch das allzu perfekte Leben der Menschen und ihre rückständigen Genderrollen. Bestürzt stellt die Feministin Eberhart fest, dass viele Frauen in Stepford ihren Beruf und ihr Engagement für die Gleichberechtigung der Frau an den Nagel gehängt haben, um sich in den eigenen vier Wänden um Mann und Kinder zu kümmern. Wenn sie sich nach dem Grund dafür erkundigt, lautet die Antwort stets: Eine Frau verbringt ihre Zeit am besten mit erfüllender Hausarbeit. Eberhart schildert ihre Beobachtungen einer Vertrauten und erzählt, wie sie im Nachbarort Norwood zum Friseur gegangen und dort »Schwärme von schlampigen, hastigen, nervösen Frauen gesehen« habe. Die Frauen von Norwood seien völlig anders gewesen als die perfekt manikürten, unterwürfigen Ehefrauen von Stepford, die sich bereitwillig, unermüdlich und freudestrahlend mit stets tadelloser Frisur für ihre Familien abrackerten. Beim Anblick der Frauen von Norwood sei Eberhart so erleichtert gewesen, dass sie

»am liebsten jede einzelne von ihnen« umarmt hätte.[50] Levins satirischer Roman macht sich über das weiße, bürgerliche, cis-heteronormative Spießeridyll der Fünfziger lustig, das sich selbstverständlich auf die Ausbeutung der Arbeiterschaft und besonders von People of Color stützte.

Aber was haben die *Frauen von Stepford* mit den Gesundheitsplädoyers heutiger Ernährungsgurus zu tun? Wie »achtsamer Sex« und alle Goop-Produkte propagieren auch Ratgeber, Blogs und Social-Media-Posts über »Clean Eating« und »Paleo«-Ernährung eine aktualisierte Version dieses Fantasieidylls.

Viele von denjenigen, die sich mit Blogs und Instagram-Beiträgen in diesem Bereich einen Namen (und Geld) machen, sind offenbar relativ junge, schlanke, weiße, cis Frauen, deren Selfcare-Marken elitäre weiße Weiblichkeit und Gender-Essenzialismus spiegeln. Diese Frauen sind weder fügsam, programmiert und roboterhaft wie die Frauen von Stepford, noch schlampig, hastig und nervös wie die Frauen von Norwood. Sie wirken entspannt, schick, abgeklärt *und* sehr lebendig, und das alles dank der Selfcare, die sie mittels Lebensstilveränderungen selbst betreiben und nun auch an die Frau bringen. Insofern stimmen wir dem Journalisten Jordan Kisner zu: Selfcare findet in den USA heute vor allem in den Internet-Auftritten privilegierter weißer Frauen statt, die ihren makellosen Erfolg mit zenartiger Wellness als Geschäftsmodell präsentieren.

Ein wiederkehrendes Motiv in Blogs, auf Social-Media-Seiten und in Kochbüchern ist, dass die Frauen, die damit finanzielle Erfolge feiern, gleichzeitig betonen, wie wichtig es sei, Ehemann und Kinder zu ernähren und zu versorgen. Das »Nähren« ist ein fester Bestandteil des Clean-/Paleo-Milieus. Viele Frauen behaupten sogar, ihre Familien hätten sie überhaupt erst dazu gebracht, ihren Lebensstil zu

---

50 Levin (1972, dt. 2004), S. 77.

ändern, das heißt, sie hätten gehofft, damit eine chronische Krankheit zu heilen, damit sie mehr für ihre Familie da sein und/oder besser für Gesundheit und Wohl ihrer Familie sorgen könnten.[51]

Man muss sich nur einmal die Unmenge an »Mama«-Blogs zu Clean-/Paleo-Ernährung und alternativer Gesundheit anschauen. Viele der Frauen sind nicht nur Bloggerinnen, sondern sie verbreiten auch gesponserte Inhalte und Werbung, und einige verfassen darüber hinaus Ratgeber und Kochbücher oder betreiben Podcasts. Die Blogs lassen sich als Untergenre der Eltern-Blogosphäre einordnen, die Autorinnen als Untergruppe der Mama-Bloggerinnen. In dieser Kombination aus Social Media, alternativer Gesundheit, Clean-/Paleo-Ernährung und essenzialistischen Genderkonzepten befassen sich die Frauen mit natürlicher Gesundheit und Ernährung sowie anderen »Lifestyle«-Inhalten.

Beispiele in den USA sind Don't Mess with Mama, The Mommypotamus, The Paleo Mama, The Coconut Mama, The Paleo Running Momma, The Paleo Mom und The Wellness Mama, um nur ein paar zu nennen. (Die entsprechenden Papa-Blogs haben wir erfolglos gesucht.) Mit wenigen Ausnahmen sind diese Blogs gespickt mit Fotos typisch amerikanischer weißer Familien der Mittelschicht. Ein

51 Dem GWS-Trendbericht (2018) zufolge dient die »Wellness-Küche der Zukunft« (die Beschreibung und Aufmachung nach wohlgemerkt nur Menschen mit sehr hohem Einkommen offensteht) »als Rückzugsort, nicht als Druckkochtopf« (S. 38). In der Wellness-Küche der Zukunft seien wir »alle Chefköche und steuern zur Zubereitung und zum Servieren des Gerichtes bei« (S. 41). Daher werde die Hausarbeit in cis-heterosexuellen Haushalten künftig mutmaßlich gerechter aufgeteilt (das hoffen wir natürlich auch). In diesem Abschnitt des GWS-Berichts sind allerdings nur zwei Fotos abgebildet: Eins zeigt eine Familie beim gemeinsamen Mahl, das andere eine Person beim Kochen – und diese Person sieht aus wie eine cis Frau (S. 43, S. 46).

Blick in die Rubrik »Über mich« macht deutlich, dass sich die Bloggerinnen meist erstens als »Mom« und zweitens als »Ehefrau« verstehen. Häufig erwähnen sie aber auch, sie seien Autorinnen beziehungsweise verdienten ihr Geld als solche.

Auch wie diese Frauen zur Clean-/Paleo-Ernährung und zur Selfcare gekommen sind, ist bemerkenswert. So schreibt die Bloggerin von Don't Mess with Mama: »Sowohl mein Mann als auch mein ältester Sohn haben seit Jahren mit gesundheitlichen Problemen zu kämpfen, ohne dass die konventionelle Medizin eine Lösung gebracht hätte. Niemand hat ihre Gesundheitsprobleme ernst genommen. Aber eine Mutter (und Ehefrau) spürt doch, wenn etwas nicht stimmt.«[52] Auf The Wellness Mama findet sich eine ähnliche Selbstbeschreibung: »Die Mom von sechs Kindern, die als Journalistin tätig war, hat ihre Gesundheit selbst in die Hand genommen und recherchiert, um Lösungen für ihre gesundheitlichen Probleme zu finden.« Und besonders interessant ist, wenn The Paleo Mom alias Dr. Sarah Ballantyne, Biophysikerin und Medizinforscherin (und darüber hinaus wohl eine der erfolgreichsten, wenn nicht *die* erfolgreichste Autorin zum Thema Autoimmun-Paleo) erklärt, sie sei »mehr als nur Wissenschaftlerin. Sie ist auch eine hingebungsvolle Mutter und Ehefrau. Dr. Sarah war es wichtig, nicht nur ihre eigenen Krankheiten zu behandeln, sondern auch die Gesundheit ihrer Familie zu verbessern.«

Viele dieser Bloggerinnen (wenn auch nicht alle, für Ballantyne gilt das zum Beispiel nicht) lehnen die üblichen medizinischen Ratschläge für Eltern ab, weil sie ihnen suspekt sind oder sogar unredlich vorkommen, und verlassen sich in Fragen der Gesundheit und Ernährung ihrer Familie

52 In der neuesten Version des Blogs ist dieses Zitat so nicht mehr enthalten; der Originaltext findet sich aber noch im Archiv: web.archive.org/web/20190222125423/https://dontmesswithmama.com/about/.

stattdessen auf Körperwissen und Intuition, die sie als Ehefrauen und Mütter eben so in sich tragen. Solche Bloggerinnen verweisen oft auf die Toxizität unserer Gesellschaft, die den Kontakt zur Natur und, wie manche sagen, zu Gott verloren habe. Statt nun allerdings Strukturreformen und eine bessere Gesundheitsversorgung für alle Familien einzufordern, lenken sie den Blick auf »individualistische Elternschaft«, wie die Soziologin Jennifer Reich es nennt. Insbesondere betonen sie Methoden wie Clean-/Paleo-Ernährung, Naturheilkunde, ausgedehntes Stillen, Hausunterricht und sogar bäuerliche Selbstversorgung, um Risiken zu vermeiden und die Gesundheit (und damit auch die Lebenschancen) der eigenen Familie zu fördern.

Unterschwellig wird in diesen Blogs behauptet, eine Rückkehr zur Gesundheit sei auch eine Rückkehr zur Natur, eine hippe Form von Häuslichkeit und Selbstversorgung und ein wirksames Erfolgsmodell.

Dass es in Sachen Fürsorge, Gesundheit und Hausarbeit bis heute faktisch genderbezogene Erwartungen gibt, bestreiten wir natürlich nicht, und wir wollen hier auch nicht noch mehr auf die Mütter einprügeln. (Privilegierte, weiße, cis-heterosexuelle) Frauen, die für den Clean-/Paleo-Lebensstil werben und die »volle Verantwortung für ein ausgewogenes Verhältnis zwischen Arbeit und Familie übernehmen, häufig durch Praktiken des persönlichen Wohlbefindens«,[53] übersehen freilich die Lebenswirklichkeit der meisten Frauen und Mütter in den Vereinigten Staaten, die eine völlig andere ist. Insofern ist die Arbeit dieser Bloggerinnen ein Ausdruck des neoliberalen Feminismus oder eines Feminismus, der Frauen anhält, mittels individueller und marktorientierter Methoden voranzukommen und eben nicht durch kollektive Maßnahmen, die auf strukturelle Veränderungen abzielen.

53 Mickey (2019), S. 108.

Eng verwandt mit der Clean-/Paleo-Ernährung und den Mama-Blogs (man kann sich das wie die Schnittflächen eines Mengendiagramms vorstellen) ist in den USA die neue bäuerliche Selbstversorgung (*Homesteading*), ein moderner, überwiegend individualistischer Trend des »Zurück aufs Land«. Jill zum Beispiel betreibt neben ihrem Blog Prairie Homestead auch einen Podcast und bietet Mentorentätigkeit, ein Kochbuch und Produkte für die Selbstversorgung an. Sie und ihr Mann Christian, schreibt sie, seien nicht auf dem Land aufgewachsen, hätten aber, weil sie fürchteten, sich in »Roboter« zu verwandeln und im »Hamsterrad« zu enden, 27 Hektar Grasland und eine Farm erworben.

»Diese altmodische, unorthodoxe Lebensweise«, fährt sie fort, »beschränkt sich bei uns allerdings nicht auf den Stall. [...] Als wir merkten, wie unkonventionell wir denken können und dass wir mit den Vorgaben der modernen Kultur *nicht* mitgehen müssen, hat es uns gepackt. Angefangen hat es mit der Leidenschaft für den Anbau eigener Nahrungsmittel, aber bald setzten Christian und ich gleich mehrere Geschäftsideen um, lebten zu 100% schuldenfrei, unterrichteten unsere drei Kinder zu Hause und bauten uns ein Leben auf, von dem wir früher nur geträumt hätten. Unserer Familie und vielen anderen bietet das moderne Homesteading die Möglichkeit, zu entschleunigen und einen gesünderen, heilsameren Lebensstil zu entwickeln.« [Kursivierung im Original.]

Wir müssen uns darüber im Klaren sein, dass »Homesteading«[54] in den USA mit der Inbesitznahme Indigenen Landes durch Siedelnde aus Europa verknüpft ist, oft unter finanzieller und militärischer Unterstützung durch den

54 Mehr zum Homesteading siehe National Archives (o. D.); zu den ökologischen und gesundheitlichen Folgen siehe Whyte (2016), zum Verhältnis zwischen Einwanderung und Siedlerkolonialismus siehe Tuck und Yang (2012).

Staat. Der Siedlerkolonialismus ging in Nordamerika mit der gewaltsamen Vertreibung Indigener Völker von ihrem Land einher. Dies wiederum zog den Zusammenbruch des Indigenen Ernährungssystems nach sich und wirkte sich negativ auf den Gesundheitszustand der Betroffenen aus. Im 20. und 21. Jahrhundert setzte sich die Gewalt mit der Zerstörung von Ökosystemen durch Infrastrukturprojekte, militärische und industrielle Umweltverschmutzung und den Klimawandel fort. Man sollte das moderne »Homesteading« in den USA daher nicht als »hippe« Form der Subsistenzwirtschaft und des »Aussteigens« aus dem System betrachten (als ob das möglich wäre!), sondern vielmehr als Ausdruck romantischer Fantasiegespinste, die Besiedelung nicht abgetretenen Indigenen Landes und die Fortsetzung dieser Gewalt.

Dazu ist zweierlei anzumerken. Erstens geben nicht alle modernen Homesteader ihr Leben in der Stadt oder in der Peripherie auf, um aufs Land zu ziehen. Es gibt auch eine urbane Homesteading-Bewegung, in der Geringverdienende, oft People of Color, einen gewissen Selbstversorgungsgrad anstreben, indem sie auf brachliegenden Grundstücken kollektive Höfe und Gemeindegärten betreiben oder hinter dem eigenen Haus, auf dem Balkon oder gar auf dem Fensterbrett gärtnern. Zweitens sind wir in den USA, sofern wir nicht selbst Indigen sind oder unsere Vorfahren gewaltsam mit dem Sklavenhandel ins Land gebracht wurden, allesamt selbst Siedelnde auf nicht abgetretenem Territorium, egal, ob wir uns an diesem neuen Raus-aufs-Land-Trend beteiligen. Im dekolonialen Aktivismus und in der Dekolonisierungsforschung heißt es bisweilen sogar, das gelte auch für rassistisch markierte Zugewanderte in die USA, deren Herkunftsländer zu den europäischen Kolonialreichen gehörten, allerdings mit der Einschränkung, dass hier eine andere Beziehung zum US-Siedlerkolonialismus vorliege als bei den zugewanderten europäischen Weißen.

Wir sollten noch einmal kurz zu den Begriffen *clean* und *ancestral*, also »sauber« und »wie unsere Vorfahren« zurückkehren, die im Zusammenhang mit der GFLC-Ernährung gern verwendet werden. Nicht nur simplifizieren diese Begriffe vergangene und heutige Ernährungsweisen, nicht nur sind die Nahrungsmittel, die verwendet werden, für viele unerschwinglich (»Vollwertkost« kann man sich nur mit einem »vollen Geldbeutel« leisten). Beides trifft zu, doch darüber hinaus zeichnet, wer von »sauberer Ernährung« spricht und/oder erklärt, wir sollten essen »wie unsere Vorfahren«, ein rassistisches und koloniales Bild analog zu den »glücklichen Hunza« (man denke nur an traditionelle Lebensmittel aus dem Globalen Süden wie Chiasamen, Gojibeeren und Quinoa, die als »Superfood« gepriesen werden). Gleichzeitig wird die Ernährungsweise von People of Color als »schmutzig« und gar unzivilisiert abgetan. Wie es scheint, können sich die Weißen solche primitiven und schmutzigen Essgewohnheiten allerdings zurückerobern ...

Sehen wir uns den Fall der weißen und mittlerweile berühmt-berüchtigten Arielle Haspel an, die als Gesundheits-Coach tätig und erfolgreich in den sozialen Netzwerken unterwegs ist. Weil Haspel und ihr Ehemann chinesische Gerichte wie Lo Mein servieren wollten, die kein »Igitt«-Gefühl im Mund hinterließen, eröffneten sie 2019 in New York City das »cleane« Restaurant Lucky Lee's (Haspels Mann trägt, obwohl jüdischer Abstammung, den asiatisch klingenden Nachnamen Lee). Die Innendekoration des Lucky Lee's soll sich an Bambus und Jade, die Schrift der Speisekarte an der Form von Essstäbchen orientiert haben. Und angeboten wurde unter anderem »Hi-Lo Mein«, mutmaßlich ohne »Igitt«-Effekt – Haspel hatte also Lo Mein mit dem abgekürzten »High« zu einem Gericht zweiter Klasse degradiert.

Das Lucky Lee's wurde nicht alt, doch die rassistischen

und klassistischen Tendenzen im GFLC-Milieu halten sich hartnäckig. Der Soziologin Karen Wilkes zufolge geben auf dem Clean-/Paleo-Markt dünne elitäre weiße cis Frauen den Ton an und Wellness wird in diesem Milieu geradezu zu einem »Emblem« des Weißseins. Darüber hinaus tut man in guter alter neoliberaler Manier bei der Vermarktung dieser Ernährungsform so, als stehe sie allen Menschen offen und erfordere nur ein bisschen Selbstmanagement. Insofern gilt die Clean-/Paleo-Ernährung wie auch der gesamte Selfcare-Markt als etwas Erstrebenswertes, das Menschen, die diese Angebote nutzen, moralisch und ästhetisch bereichern kann, gleichzeitig aber wird das Elitäre daran heruntergespielt. Wie Wilkes erklärt, beansprucht die privilegierte weiße Weiblichkeit dieser Märkte sowohl Exzeptionalismus als auch Universalität. Während an der Spitze solcher Trends und Märkte für alternative Ernährungsweisen weiterhin Weiße den Profit einstreichen, wird die ausbeuterische, gering geschätzte, schlecht bezahlte, repetitive und gefährliche Arbeit in allen Stadien der Lebensmittelproduktion – und das gilt auch für die Erzeugnisse der Clean-/Paleo-Ernährung – überwiegend von armen People of Color aus der Arbeiterklasse verrichtet.

Härter, besser, schneller, stärker

In der Clean-/Paleo-Welt gibt es natürlich auch einflussreiche Männer, die mit Selfcare und Selbstoptimierung Geschäfte machen. Lebensstil-Veränderungen empfehlen sie allerdings nicht nur, damit es den Betroffenen und ihrer Familie besser geht. Vielmehr folgen sie frei nach dem gleichnamigen Daft-Punk-Song dem Motto »Härter, besser, schneller, stärker«.[55] In ihren Blogs, Social-Media-Seiten

55 Den Song »Harder, Better, Faster, Stronger« des französischen

und Büchern beziehen Männer dies jedoch so gut wie nie auf die Familie. Diese Arbeit überlassen sie offenbar den Frauen.

Ein Beispiel ist die Primal Blueprint Company von Mark Sisson, der sich in der Paleo-Welt einen Namen gemacht hat. Sisson verkauft Bücher, Nahrungsmittel, Nahrungsergänzungsmittel, Kurse und mehr (seine Primal-Kitchen-Produkte werden meist in Naturkostläden, Lebensmittelketten und Onlineshops verkauft). Auch Sisson berichtet in der »About«-Rubrik seiner Website, wie er zu Selfcare und Clean-/Paleo-Ernährung kam. Seine Geschichte handelt allerdings davon, dass er durch exzessives Training und einen suboptimalen Gesundheitszustand seine sportliche Ausdauer einbüßte und wieder zurückgewinnen wollte. Das verlinkte YouTube-Video »Live Awesome with Primal Blueprint« zeigt Sisson bei diversen athletischen Kraftakten (die nun offenbar wieder möglich sind dank seines fantastischen Ernährungsplans und der Produkte, die er über seine Website vertreibt), und einen Mann (vermutlich ist er es selbst) beim Braten eines Steaks und Schnippeln von Gemüse.

Welche Vorzüge hat sein Plan? Auf der Website steht:

> Wir bieten eine umfassende Ernährungs-, Sport- und Lifestyle-Philosophie und darüber hinaus diverse Produkte, Services und Community Support, damit Sie mühelos abnehmen und sich einer robusten Gesundheit und grenzenloser Energie erfreuen können. The Primal Blueprint gründet auf Lebensstilprinzipien, die seit mehr als 2 Millionen Jahren Gesundheit, Evolution und

---

Elektro-Duos aus dem Jahr 2001 kann man sich unter youtube.com/watch?v=yydNF8tuVmU&ab_channel=DaftPunk anhören. Die Journalistin Amanda Mull verwendet dieselben Attribute in ihrem hervorragenden Beitrag über männliche Tekkies und Clean-Eating/Paleo als verschleiertes Diätverhalten (2018).

> Höchstleistungen des Menschen formen, und wird von anerkannten Forschungsarbeiten auf den Gebieten der Epigenetik und Evolutionsbiologie gestützt.

Sissons Einlassungen knüpfen an die Begriffe »Wiederherstellung« und »Optimierung« an, die wir in der Einleitung zu diesem Buch bereits eingeführt haben.[56] Darüber hinaus stützt er seine Behauptungen auf eine Mischung von persönlicher Körpererfahrung und wissenschaftlichen Belegen.

Ähnlich wie Sisson gehen »Biohacking«-Tekkies wie Dave Asprey vor. Asprey nutzte seine Tech-Kenntnisse für die Gründung der Ernährungs- und Wellness-Firma Bulletproof. Auf der Bulletproof-Website beschreibt er unter »About« seinen Weg zur Optimierung: Alles begann damit, dass er auf einer Wandertour durchs tibetische Gebirge auf 5.500 Metern Höhe plötzlich schwächelte. Als man ihm den traditionellen Buttertee zu trinken gab, spürte er umgehend eine körperliche und geistige Regeneration. Der »Biohacker« in ihm wollte unbedingt herausfinden, warum das so war – und so wurden die Bulletproof-Produkte geboren. Das heißt, der reiche, weiße, cis Nordamerikaner Asprey hackte ein traditionelles tibetisches Getränk und *verbesserte es.* Anders als die Eintagsfliege Lucky Lee's bekam Bulletproof 2020 finanzielle Unterstützung in Höhe von insgesamt 80 Millionen Dollar; die Produkte werden heute US-weit verkauft.

Auf der Website heißt es: »[Mit Bulletproof können Sie] Ihre Biologie selbst in die Hand nehmen, Sie sitzen am Steuer. Die Straßen dieser Welt stehen Ihnen offen. Bulletproof ist der hochoktanige Sprit, mit dem Sie werden können, was Sie wollen. Athlet? Klar doch. Mathegenie? Kein Problem. Für die Firmenchefs, die Macher, die Eltern, die

56 Siehe Derkatch (2018).

Träumer, für alle, die das Beste aus sich herausholen wollen.« Sicher, unter denen, die von den »hochoktanigen« Gesundheits- und Wellness-Produkten wie Kaffee und Kollagen profitieren, sind auch »Eltern«. Vor allem aber geht es hier um Kraft, Mobilität, Leistung und Intelligenz. In der Clean-/Paleo-Welt für Männer dient Selfcare eher der Optimierung individueller Macht und Dominanz.

Biohacking und andere Tech-Varianten der Clean-/Paleo-Ernährung werden (ebenso wie Intervallfasten, das der frühere Twitter-Mogul Jack Dorsey angeblich praktiziert) interessanterweise oft als Methoden dargestellt, die es auch Männern erlauben, sich mit Diäten und Ernährung zu befassen – Bereiche, die traditionell eher Frauen zugeordnet werden. Allerdings sind sie hier kulturell mit elitärer (weißer) Männlichkeit verknüpft: Kalorien werden nicht gezählt, sondern »zerstört«, so die Journalistin Monika Hesse.

Wenn sich Männer solchermaßen mit ihrem Essverhalten befassen, mag das cool und hip sein – aber stecken womöglich auch größere strukturelle Ängste dahinter? Der Journalist Thomas Stackpole, der das Intervallfasten ausprobiert hat, vertritt diese Meinung, und wir schließen uns ihm an: »Die Essstörung von heute kommt als Diät daher, die uns die perfekte Strandfigur beschert und uns darüber hinaus auch noch optimiert, damit wir im Spätkapitalismus überleben und erfolgreich sein können. [...] In einer Ära, in der viele das Gefühl haben, die Welt läuft aus dem Ruder, hilft vielleicht schon das Versprechen, etwas unter Kontrolle zu haben, eine Veränderung – irgendeine Veränderung – herbeiführen zu können; darin liegt der Reiz.«

Zusammenfassend lässt sich sagen, dass die Strömungen der Clean-/Paleo-Ernährung und der funktionellen Medizin wie auch der Komplementär- und Alternativmedizin insgesamt nicht nur zentrale neoliberale Ideale verbreiten, sondern auch essenzialistische Klischees bedienen.

Männer stellen Kraft, Technologie und Kontrolle in den Vordergrund, Frauen Körpererfahrung, Familie und Fürsorge. Männer wie Frauen betonen, dass der Mensch durch Selbstfindung, Selbstoptimierung, autonome Entscheidungen, persönliche Verantwortung und die entsprechenden Marktpraktiken (im Konsum wie in der Selbstvermarktung) seine Gesundheit wiederherstellen und in einer zunehmend prekären Welt sogar fördern oder optimieren kann.

Jüngste Entwicklungen im Clean-/Paleo-Milieu

Im September 2020 richtete Whole30 den viertägigen »Community Cares Summit« mit virtuellen Workshops aus, Kostenpunkt pro Nase 79 Dollar. Auf der Website prangt das Audre-Lorde-Zitat: »Jede von uns muss für sich herausfinden, was zu tun ist.«[57] Die beworbenen Workshops befassten sich mit Schlüsselfragen: »Was jetzt? Was kommt als Nächstes? Wie geht es auf besonders fürsorgliche Weise weiter?« Zu den Themen zählten »Sichtbarkeit des Widerstands, Nahrungsmittel- und Körperpolitik, Gemeinschaft neu denken, Wählen mit Ressourcen, Erholung, Genesung, branchenübergreifende Verantwortung« und vieles mehr. Bei der Organisation der Konferenz wurde offenbar sehr auf die Diversität des Personals geachtet. Viele Workshopleiter*innen gaben zudem in ihren Lebensläufen an, für soziale Gerechtigkeit gekämpft oder dazu geforscht zu haben. Einige Veranstaltungen befassten sich mit sozialen Themen, etwa der Verantwortung der Branche und der Inklusion von Menschen mit Behinderung und chronischen Krankheiten in die Whole30-Arbeit.

Vor allem aber fällt auf, dass die Konferenz mit einer Le-

57 Lorde (1984, dt. 2007), S. 156.

sung aus Audre Lordes Vortrag »Von den Sechzigerjahren lernen« begann und Workshops über »Absicht + Wirkung« sowie »Dekolonisierung der Küche« anbot. In Letzterem sollte dem Publikum laut Ankündigung zwar nur »Kultur in der Küche« nahegebracht werden, doch die Leiter*innen interessierten sich den Lebensläufen zufolge unter anderem für Ernährungssouveränität und die Dekolonisierung der Lebensmittelsysteme.

Die Mehrzahl der Workshops deckte allerdings individuelle Selfcare-Praktiken ab (etwa mit Kochvorführungen, Atemübungen, Kräuterkunde und Sport). Einige Veranstaltungen richteten sich ausschließlich an zertifizierte Whole30-Coaches mit Themen wie »Finanziell fit«, Umgang mit schwieriger Kundschaft, Markenförderung in sozialen Netzwerken oder Bewältigung von Selbstzweifeln.

Insofern illustriert die Whole30-Konferenz das »Sowohl – als auch« auf den heutigen Selfcare-Märkten: Das Unternehmen muss sich mit den sozialen Auswirkungen seiner Geschäftspraktiken genauer befasst haben, und die vorgenommenen Änderungen sind löblich. So lässt Whole30 auf Instagram verstärkt People of Color zu Wort kommen (und andere Firmen im Bereich Clean-/Paleo-Ernährung haben ähnliche Schritte unternommen). Das Unternehmen nutzt auf diese Weise seine Macht und seinen Einfluss, um unterrepräsentierte Gesundheits-Coaches, Köch*innen und andere Wellness-Fachleute zu fördern. Damit wiederum verbessern sich nicht nur potenziell die wirtschaftlichen Chancen besagter Fachleute, sondern die erforderlichen Formen der Fürsorge erreichen auch Communitys, die eigentlich wenig damit zu tun haben und eher nicht darauf zurückgreifen können.

Nach dem Mord an George Floyd hat Whole30-Mitbegründerin Melissa Urban unüberhörbar und unmissverständlich jegliche Kritik daran zurückgewiesen, dass ihr Unternehmen auf seinen Social-Media-Seiten die Black-

Lives-Matter-Demonstrationen unterstützt. Whole30 setzt sich auch energisch für LGBTQIA+-Rechte ein, indem die Firma in den sozialen Netzwerken diese Communitys mit Posts unterstützt und einzelne LGBTQIA+-Stimmen zu Wort kommen lässt. Andere bekannte Unternehmen im GFLC-Umfeld tun dasselbe.

Wenn man bedenkt, dass dieses Verhalten den Gewinn von Whole30 auch schmälern könnte (als Selfcare- und Wellness-Unternehmen ist Whole30 zwar erfolgreich, verglichen mit Giganten wie Goop jedoch relativ klein), ist es jedenfalls mutig. Aber geht es auch weit genug?

Die Illusion gesellschaftlicher Veränderungen

Die Clean-/Paleo-Ernährung und die funktionelle Medizin von heute können als Beispiel für einen Trend herangezogen werden, den der Soziologe Phil Brown und seine Co-Autor*innen als »Verkörperlichte Gesundheitsbewegungen« bezeichnen: Im Kampf gegen Krankheiten stellen sie medizinisch-wissenschaftliche Aussagen über Ursachen und Behandlung dieser Erkrankungen in Frage. Stattdessen berufen sich Lai*innen auf das Wissen, das sie aus Körpererfahrungen beziehen. Auch werden »die Grenzen zwischen Laien- und Expertenwissen« verwischt und Kooperationen zwischen ausgebildeten Profis und Erkrankten geschmiedet.

Im Großen und Ganzen hört man jedoch aus den ernährungsorientierten Strömungen unserer Tage kaum Kritik an den gesundheitlichen Auswirkungen gesellschaftlicher Bedingungen und Ungleichheiten. Sie sind eher reformistisch als revolutionär ausgerichtet.

Womöglich ist der Bereich der Clean-/Paleo-Ernährungsweisen dermaßen gewachsen, weil so viele Menschen von den für die öffentliche Gesundheit zuständigen Institutionen enttäuscht sind. Clean-/Paleo-Ernährung und Methoden der funktionellen Medizin dienen für die Mehrheit derer, die sie anwenden, sicher dem Versuch, handfesten Schmerz und echtes Leid zu lindern. Wenn man Probleme durch Lebensstiländerungen in den Griff zu bekommen versucht, wird das möglicherweise als heilsam empfunden, als ein Projekt, das einen weiterbringt oder stärkt. Ernährungsorientierte Selfcare-Strömungen ließen sich somit als Reaktion auf das prekäre Leben unter dem Neoliberalismus deuten (eine Tendenz, die sich im gesamten Selfcare-Bereich abzeichnet).

Doch statt des Hinweises, dass radikale Veränderungen kollektives Handeln voraussetzen, hören wir, der Schlüssel zu Veränderung und Kontrolle liege für uns Einzelne in der autonomen und marktorientierten Selbstfindung, Selbstfürsorge und Selbstoptimierung. Auch wenn auf den Plattformen dieser Strömungen auf Ungleichheiten hingewiesen wird, verschleiern sie letztendlich die neoliberale und neokoloniale kapitalistische Ungleichheit und die dahinterstehenden kulturellen, legislativen, politischen und wirtschaftlichen Kräfte.

Dass in vielen ernährungsorientierten Gesundheitsströmungen Frauen das Sagen haben, ändert nichts an dieser Tatsache. Und es bringt auch die Gleichberechtigung nicht voran, denn viele Clean-/Paleo-Verfechterinnen untermauern nicht nur essenzialistische Vorstellungen, nach denen vor allem Frauen für Gesundheit und Fürsorge in der Familie zuständig sind, sondern sie blenden auch die größeren strukturellen Einschränkungen, denen andere Frauen und Mütter unterliegen, völlig aus.

Angesichts der anhaltenden Genderungleichheit (die sich auch immer mit anderen Formen der Unterdrückung und Marginalisierung überschneidet) und der neoliberalen Erwartungen an Gesundheit und Selbstoptimierung überrascht es leider nicht, dass Blogs, Social-Media-Seiten und

Bücher zum Thema Clean-/Paleo-Ernährung Ursachen und Lösungen für Gesundheitsprobleme entsprechend framen und essenzialistische Vorstellungen verstärken. Was nicht heißt, dass es nicht anders sein sollte.

Natürlich gibt es Ausnahmen. Und natürlich bekommen *Individuen* durch solche Lebensstiländerungen nützliche Instrumente an die Hand, um Gesundheit und Lebensqualität zu verbessern.

Aber ändert der vermehrte Konsum von natürlichen und biologischen GFLC-Produkten, von Fleisch und Fisch aus Grasmast/Weidehaltung/Wildfang durch wohlhabende Menschen etwas an der Ernährungs-Apartheid und den gesundheitlichen Ungleichheiten, mit denen viele marginalisierte Bevölkerungsgruppen mit geringem Einkommen zu kämpfen haben?[58] Äußert sich die Clean-/Paleo-Branche dazu, dass große Lebensmittelkonzerne vermutlich infolge sinkender Umsätze im Globalen Norden aggressiv auf Märkte des Globalen Südens vordringen und dabei die jeweiligen lokalen Essgewohnheiten verändern?[59] Werden durch diese Ernährungstrends die Gesundheits- und Sicherheitsstandards der Arbeitsplätze in Landwirtschaft und Naturkostketten verbessert?

Die Antwort auf all diese Fragen lautet: nein. Schlimmer noch: Die wachsende Nachfrage im Globalen Norden und der Raubbau an Clean-/Paleo-Produkten wie Avocados und

58 Mehr über Ausbeutung und Raubbau siehe Brones (2018), Fair Trade Certified (o. D.), Freudenberg (2014), Karavolias (2019), Ochoa Ayala (2020), Sainato (2019), Stuckler und Nestle (2012).

59 Laut Stuckler und Nestle (2012) drängt die Lebensmittelindustrie nicht nur durch große Marketingkampagnen und Auslandsinvestitionen auf die Märkte des Globalen Südens, sondern auch durch die Übernahme einheimischer Nahrungsmittelunternehmen. Zwar trägt auch der Handel dazu bei, dass das traditionelle Essverhalten im Globalen Süden dem Verzehr hochverarbeiteter Produkte weicht, vor allem aber ist das dem Verhalten von Weltkonzernen mit Sitz im Globalen Norden zuzuschreiben.

Kokosnüssen in den Ursprungsländern verursachen Umweltschäden und die Fortsetzung ausbeuterischer Arbeitsbedingungen im Globalen Süden. Insofern lässt sich die Vorliebe für Nahrungsmittel aus dem Globalen Süden ebenfalls als eine Form des Kolonialismus betrachten.

Egal, ob es offen oder verschleiert geschieht und welche Absichten die Anbietenden verfolgen: (Elitäre) Ernährungstrends schreiben eine lange Geschichte fort, in deren Verlauf Menschen aus Europa auf Kosten von People of Color und deren Kochtraditionen, Expertise, Land und Arbeitskraft Profit gemacht haben. Das soll nicht heißen, dass Weiße keine Nahrungsmittel essen sollen, die Genuss und Nährstoffe versprechen, wenn diese Nahrungsmittel nicht ursprünglich aus den Teilen Europas kommen, aus denen ihre Vorfahren stammen. Aber ihr (unser) Umgang mit Ernährung darf sich nicht ausschließlich auf ihre (unsere) Leistungssteigerung und ihr (unser) Fortkommen konzentrieren.

Unseren Lebensstil oder gar bestehende Systeme zu verändern, fällt uns leichter, als sie zu demontieren und durch etwas völlig Neues zu ersetzen. Das ist uns schon klar. Wir haben auch keinen simplen Zehnpunkteplan parat, mit dem sich radikale Veränderungen herbeiführen ließen (und seien wir ehrlich: Wenn so ein Plan von zwei relativ privilegierten Weißen kommt, ist Vorsicht geboten!). Dennoch dürfen Selfcare-, Gesundheits- und Wellness-Angebote Ausbeutung und Ungerechtigkeit weder verschleiern noch verstärken.

Im letzten Kapitel dieses Buches stellen wir verschiedene fürsorgeorientierte Bewegungen vor, von denen wir lernen können. Sie illustrieren, dass in der Krise, in der wir stecken (auch wenn wir, je nachdem, wer wir sind, sehr unterschiedlich betroffen sind), kollektive Fürsorge sehr hilfreich sein kann. Zunächst aber schließen wir dieses Kapitel, indem wir die beschriebenen Ansätze in Ratgebern und

Blogs einer dekolonialen Herangehensweise gegenüberstellen.

Dekolonisieren!

Wie kann im Rahmen von Selbstfürsorge und Wellness ein dekolonialer Ansatz für Ernährung aussehen? Wir haben uns als Gegenentwurf ein Kochbuch ausgesucht, nämlich *Decolonize Your Diet: Plant-based Mexican-American Recipes for Health and Healing* von Luz Calvo und Catrióna Rueda Esquibel.

Beginnen wir mit denselben Fragen, die wir schon oben gestellt haben, zum Beispiel: Was sagen Calvo und Rueda Esquibel zu den Krankheitsursachen? Die beiden lehnen den Gedanken, individuelle Lebensstilfaktoren könnten Krankheiten verursachen oder heilen, rundweg ab. Vielmehr erfahren wir, dass in der »zielstrebigen Weltsicht der Konzerne« der Profit wichtiger ist als die Gesundheit der Erde. Dank eines Bündnisses aus Politik und Industrie habe die Lebensmittelbranche enorme Gewinne gemacht und gleichzeitig der Gesundheit der Bevölkerung geschadet. Calvo und Rueda Esquibel weisen darauf hin, dass internationale Freihandelsabkommen wie das North American Free Trade Agreement (NAFTA) für mexikanische und insbesondere Indigene Landwirt*innen verheerende Folgen hatten. Und sie schildern, wie internationale Beziehungen, politische Maßnahmen und Vereinbarungen die Migration und nachfolgend die Ernährung und Gesundheit migrantischer Bevölkerungsgruppen beeinflussten. Auch Faktoren der Mikroebene wie individuelle Essgewohnheiten ordnen sie in einen größeren strukturellen Kontext ein.

Kurz gesagt: An der Gesundheitsproblematik in den USA sind laut Calvo und Rueda Esquibel vor allem 500 Jahre Kolonialismus schuld.

Welche Vorzüge schreiben die beiden der in ihrem Kochbuch umrissenen Ernährungsweise dann aber zu? Immerhin stellen sie bestimmte Rezepte vor und empfehlen bestimmte Zutaten – es handelt sich ja um ein Kochbuch. Sie formulieren allerdings keine verbindlichen Regeln: »Der dekoloniale Rahmen lässt Raum für verschiedenste Ernährungsweisen, daher finden wir nicht, dass sich alle für dieselbe Ernährung entscheiden müssen.« Der Versuch, eher traditionelle Lebensmittel in die Ernährung einzubeziehen, sei aufgrund der Lieferketten in der Lebensmittelindustrie und des Produktionssystems ein nervenaufreibendes Unterfangen. Daher sehen die beiden ihre Rezepte als »lebendige Dokumente«, die sich an die vorhandenen oder erhältlichen Zutaten anpassen lassen.

Calvo und Rueda Esquibel verweisen zudem auf die Vielfalt der Esskulturen und deren Entwicklung. Insofern lehnen sie es ab, die eine oder andere »universelle« oder »ursprüngliche«, angeblich für die menschliche Physiologie ideale Ernährungsweise zu empfehlen oder zu romantisieren. Vielmehr stellen sie den Gemeinschaftsaspekt von Ernährung und Kochen und die kollektive Dimension gemeinsamen Essens heraus, woraus sie ableiten, die wichtigste Zutat jedes Gerichtes sei *Liebe.*

Anders als in Texten zu Clean-/Paleo-Ernährungsweisen und funktioneller Medizin kommen bei Calvo und Rueda Esquibel Fragen der Ungleichheit zur Sprache, und die beiden positionieren sich in den komplexen Machtsystemen. Sie verstehen sich als queere Mexikaner*innen mit diverser Herkunft, wohnhaft in den Vereinigten Staaten. Wiederholt würdigen und ehren sie nicht nur Einzelpersonen und Gruppen der First Nations, auf deren Wissen sie zurückgreifen, sondern auch Erde, Pflanzen und Tiere, die uns Menschen ernähren.

Calvo und Rueda Esquibel danken zudem denen, die mit ihrer Arbeitskraft unsere Nahrung produzieren (und weisen auf deren Ausbeutung hin). Nicht zuletzt machen sie darauf aufmerksam, dass genderspezifische Arbeit im Haushalt, auch solche, die der Ernährung dient, oft missachtet oder sogar erzwungen wird: »Ein Kochbuch oder jede andere Erörterung der Essenszubereitung, die nicht auf die genderspezifischen Bedingungen dieser Arbeit hinweist, könnte repressive Beziehungen noch verstärken. Wir fordern nicht, dass Chicanas und mittelamerikanische Frauen an den Herd zurückkehren. *Wir fordern die Befreiung der Küche.*« [Unsere Kursivierung.]

Im Jahr 2016 beendet Rueda Esquibel einen Artikel über die Dekolonisierung der eigenen Ernährung mit einem Zitat von Sariwa Fresh vom Oakland People's Kitchen Collective:

> Die Mahlzeit ist ein politischer Akt. Wir kochen gegen die Systeme der weißen Vorherrschaft und des Kapitalismus an. Manche Resilienz-Rezepte werden von Generation zu Generation weitergereicht und überdauern Migration, Versklavung und Vertreibung. Da geht es nicht um Nahrung, die vom Bauernhof frisch auf den Tisch kommt. Es geht um Nahrung, die vom Bauernhof in die Küche – auf den Tisch – auf die Straßen kommt. Wir sind hier, um Rebellionen zu nähren und Revolutionen zu füttern. Diese Mahlzeit ist eine kulinarische Intervention mit dem Ziel, die Ernährung zu dekolonisieren.

Dekolonisierung der Ernährung (und in Erweiterung der Gesundheit) bedeutet somit nicht, bestimmte Nahrungsmittel zu essen und andere zu meiden (obwohl natürlich industrielle Produkte denen, die sie essen, und denen, die sie erzeugen, erheblich schaden – wohl ein Grund dafür, dass das Küchenkollektiv für seine gemeinschaftlichen Mahlzeiten möglichst lokale Zutaten verwendet). Wichtig ist vielmehr das Geflecht aus Beziehungen zwischen Menschen, Land, Tieren, Gesundheit und sozialer Gerechtigkeit. Genauer gesagt muss man sich, wie die Indigene Forscherin und Aktivistin Kyle Whyte schreibt, die engen Bezüge zwischen »Nahrungsmittelproduktion, Arbeit, Kochen, Essen und Entsorgung« einerseits und »Grundbesitz, der Lebensweise einer Community, dem gegenseitigen Schenken und Versorgen, das Menschen in einer Gemeinschaft verbindet, und Respekt« andererseits genau anschauen.

Dekolonisierung entsteht somit nicht aus dem Tun Einzelner, wird nicht erreicht durch Nischennahrung oder Gesundheitsmärkte oder Selbstvermarktung. Die Lösung liegt vielmehr in kollektivem Handeln und einer radikalen Neuausrichtung der großen Systeme Gesellschaft, Politik, Wirtschaft und Land. Dem People's Kitchen Collective zufolge helfen Rezepte bei der Demontage weißer Vorherrschaft, das Essen füllt den Bauch und nährt die Seele, füttert das Gehirn und befeuert Bewegungen. Und die einzigen Regeln, die bei Tisch gelten, sind »Gerechtigkeit, Gleichheit und Freiheit«.

Kapitel 4

Mehr Fürsorge, weniger Selbst? Wie wir (hoffentlich) über Klage, Kritik und Kolonialität hinauskommen

Wenn das Gegenmittel nur wieder dasselbe Gift enthält

Kehren wir dorthin zurück, wo wir begonnen haben: zu der Super-Influencerin Gwyneth Paltrow, alias »GP«, und Goop. Am 28. Mai 2020, drei Tage, nachdem der Schwarze Mann George Floyd aus Minneapolis brutal von der Polizei ermordet worden war, postete GP auf ihrer Goop-Instagram-Seite die charakteristische schwarze Kachel mit weißer Schrift in der traditionellen Goop-Schrifttype.

Der Inhalt war diesmal ungewöhnlich. Es handelte sich nicht um ein Foto mit Schwangeren diverser Herkunft, die, in einem wunderschönen Regenbogen posierend, für pränatale Vitamine und »Vorschwangerschafts-Bauchöl« werben (ja, das Bild gibt es wirklich), und auch nicht um einen leckeren Salat, schicke Möbel oder eine Traumurlaubskulisse aus präpandemischer Vergangenheit. Der Post vom 28. Mai 2020 lautete: »Welche Rolle spiele ich? #JusticeForGeorgeFloyd.« GP griff damit eine Frage Robin DiAngelos auf (Autorin des Buches *Wir müssen über Rassismus sprechen*), versprach den Black-Lives-Matter-Demonstrationen ihre Unterstützung, schrieb Weißen die Aufgabe zu, rassistische Ungleichheit zu beseitigen, und lieferte sogar noch Links zu Organisationen, an die Mitglieder der Goop-Community, die das wollten, spenden konnten, unter anderem: NAACP, die Equal Justice Initiative, Color of Change, das Southern Poverty Law Center und der Minnesota Freedom Fund.

Zum Zeitpunkt der Abfassung dieses Buches hat der Post 4478 Likes und mehr als 100 Kommentare erhalten.[60]

---

60 Allerdings bekommt GP für Instagram-Fotos, auf denen sie zum

Sie reichen von »Danke für diesen Aufruf!« und »So was wollen wir auf Goop sehen!«, über »Bezahlt Schwarze Urheber*innen!« und »[...] lest antirassistische Bücher Schwarzer Autor*innen! [statt weißer wie DiAngelo]« bis hin zu »Hey @goop, können wir irgendwo nachsehen, wie viel du gespendet hast??« und »Also, bis vor kurzem, als es mit dieser Bewegung losging, war euer Instagram-Auftritt verdammt weißgewaschen [...]. Fragt euch doch mal, warum in euren Posts keine PoC, besonders keine Schwarzen vorkamen, ehe ihr euch [jüngst] der BLM-Bewegung angeschlossen habt«. Mindestens eine Kommentatorin sah sich aber auch – *seufz* – gezwungen, Goop zu entfolgen, mutmaßlich wegen der neuen »einseitigen« – also linksliberalen – politischen und polemischen Inhalte (die betreffende Frau bezeichnete sich in ihrer Bio als »Freidenkerin«, »Amerikanerin« und darüber hinaus natürlich als »Arbeitsbiene«, »Mama« und »Ehefrau«). Der jüngste Kommentar lautete schlicht »Müll« (mit Papierkorb-Emoji).

Seit Frühjahr 2020 hat Goop noch diverse antirassistische Posts zugunsten von #blacklivesmatter, #justiceforbreonna und #sayhername abgesetzt. Und auf dem Instagram-Kanal tauchten viele weitere BIPoC-Gesichter auf; so wurde im Sommer 2020 Rassismusforscher Ibram X. Kendi zum Goop-Podcast eingeladen, und einmal stellte und beantwortete Goop auf Instagram die Frage: »Polizeimittel kürzen: Was heißt das?« (Worauf es allerdings negative Kommentare hagelte und viele Fans Goop entfolgten ...).

Wie also bringen wir #sayhername auf Goops Insta mit dem 4.500-Dollar-Kurs im Wellness-Hotel unter einen Hut, Klangtherapie, Reizentzug und neuester Detox-Plan inklusive? Vielleicht ist die neu entdeckte Wokeness bei Goop nur ein Marketing-Trick (was wir vermuten). *Vielleicht* ma-

---

Beispiel in einer süßen Jacke zu sehen ist, oft mehr als 40.000 Likes und deutlich mehr als 100 Kommentare.

chen sich GP und die Goop-Leitung aber auch tatsächlich Gedanken, wie sie die 250 Millionen Dollar starke Marktmacht des Unternehmens nutzen können, um wirklich etwas zu verändern (was wir bezweifeln).[61]

Solche neuen Töne hört man nicht nur von Goop, sondern aus der gesamten Selfcare-Branche beziehungsweise dem Selfcare-industriellen Komplex. Die Vermarktung bezieht in zunehmendem Maße Forderungen nach sozialer Gerechtigkeit sowie antirassistische und feministische Diskurse ein, betont unsere kollektive Verantwortung für gesellschaftliche Veränderungen. Gleichzeitig ist und bleibt Selfcare ein höchst lukrativer Markt, auf dem sich wohlhabende, weiße, cis Frauen als Verkäuferinnen und Verbraucherinnen tummeln. Die Branche stützt sich nach wie vor auf Nostalgie, Inspiration und Aufstiegsversprechen. Sie vereinnahmt »Fernöstliches« und Indigenität für Marketing-Zwecke, ohne dass die betreffenden Bevölkerungsgruppen vom Verkauf der Selfcare- und Wellness-Produkte profitierten, auch dann nicht, wenn diese tatsächlich aus dem Globalen Süden oder aus Indigenen Kulturen und Regionen stammen. Der Selfcare-Markt wirbt nach wie vor nicht für strukturelle und kollektive Veränderungen und propagiert stattdessen das Ideal, durch individuelle (marktbasierte) Entscheidungen Gesundheit und Wohlbefinden zu erlangen.

Solcherlei Widersprüche prägen den sonderbaren histo-

61 Gwyneth Paltrow geriet im Frühjahr 2021 wegen eines Blogposts auf der Goop-Website unter Beschuss: goop.com/wellness/detox/gwyneth-paltrows-long-term-detox-tips/. Darin schreibt sie, sie sei schon früh in der Pandemie an COVID-19 erkrankt und leide nun unter Long-Covid-Symptomen. Weiter behauptet sie, dagegen helfe »intuitives Fasten«, und sie nutzt den Post, um Goop-Produkte zu bewerben, die Long-Covid-Symptome lindern sollen, unter anderem Vitaminpräparate, ein Detox-»Superpulver«, ein Hyaluron-Hautserum und eine (500 Dollar teure) Infrarot-Saunadecke.

rischen Moment, in dem wir uns befinden: Soziale Bewegungen ringen mit aller Macht darum, radikale Ideen in die Mainstream-Debatte zu schleusen, während der Mainstream die radikalen Wurzeln echter sozialer und politischer Bewegungen weitgehend unbeachtet lässt (und nicht einmal zur Kenntnis nimmt, was zu tun wäre, um etwas zu verändern – und warum auch? Es wäre schließlich schlecht fürs Geschäft!). Die Debatte bleibt oberflächlich und individualistisch und zementiert letztendlich die tiefreichende strukturelle Ungleichheit – nicht ohne sie hübsch in Diversität, Gleichheit und Inklusion zu verpacken.

In dieser Spielart der Selfcare wird die Maxime »Das Persönliche ist politisch« gern als Schlachtruf verwendet (*und* vom kapitalistischen Markt vollständig vereinnahmt); »Allies« und »Intersektionalität« sind wahnsinnig wichtig (*und* gut fürs Geschäft). Oh, diese Widersprüche …

Den Menschen Produkte, Waren, Dienstleistungen und Tipps an die Hand zu geben, damit sie mit den Härten des Lebens besser zurechtkommen, ist natürlich wichtig und nützlich. Die Menschen leiden *jetzt.* Wie Edwin Mayorga, Lekey Leidecker und Daniel Orr de Gutierrez 2019 in einem Aufsatz über die Dekolonisierung der Hochschulbildung ausführen, müssen wir, »wenn wir eine Zukunft außerhalb dieser Realität schaffen wollen, sie erst überleben«. Niemand, besonders niemand mit marginalisierter und mehrfach marginalisierter Herkunft, sollte Gesundheit und Wohlbefinden zugunsten eines größeren politischen Zieles opfern (und sich Gesundheit und Wohlbefinden zu bewahren, ist ja *für sich* bereits ein politisches Ziel).

Wir alle brauchen Fürsorge, sei es in Form von nahrhaftem Essen, Erholung, Schlaf oder manchmal sogar Achtsamkeit. Das Streben danach mag individualisiert sein und gegen strukturelle Probleme nichts ausrichten, aber manchmal brauchen wir halt einfach nur *irgendwas*, weil es uns beim derzeitigen Zustand der Welt so schwerfällt, uns überhaupt angemessen um uns selbst zu kümmern. Hier kommt die *Selbst*fürsorge ins Spiel – und das ist auch nur logisch.

Eines sollten wir immer im Hinterkopf haben: Menschen, denen verlässliche und erschwingliche schulmedizinische Therapien versagt blieben oder denen die klassische Medizin schlicht nicht glaubte, praktizieren seit jeher alternative, DIY-, funktionelle und andere »ganzheitliche« Formen der Selbstfürsorge-Medizin. Viele von ihnen sind Frauen of Color. In der Schmerzbehandlung sind beispielsweise rassistische und genderdiskriminierende Diskrepanzen gut dokumentiert: Frauen und People of Color wird das von ihnen empfundene Schmerzniveau besonders oft nicht geglaubt. Ähnliches gilt für chronische Krankheiten, auch solche, die schwer zu diagnostizieren sind. Angesichts der erheblichen gesundheitlichen Ungleichheiten, durch die Frauen weltweit (und auch im US-Gesundheitssystem) diskriminiert werden – insbesondere Frauen of Color, Migrantinnen, arme, Indigene, trans oder nonbinäre Frauen sowie solche mit Behinderung –, dürfen wir nie vergessen, welche vielfältigen Gründe einzelne Frauen dazu veranlassen, Selbstfürsorge zu betreiben.

Aber: Anders als radikale Wellness-Projekte, die Selbstfürsorge tief in der Gemeinschaft und im Streben nach Gerechtigkeit verankert sehen – Projekte, die unmittelbar in der Arbeiter*innenklasse sowie in Schwarzen, Indigenen, migrantischen, behinderten, queeren und trans Communitys entstanden –, stützt sich die »weichere«, »sanftere« neoliberale Selfcare-Version auf Strategien, die mit der bestehenden Ordnung vereinbar und in sie integrierbar sind. Insofern verschleiert sie oft die Ursachen für Krankheit, Burnout, Trauma und Desillusionierung, die wir in den ineinandergreifenden Systemen von Ableismus, Kolonialismus und neoliberalem rassistischem Kapitalismus erleben. Audre Lorde erklärte vor mehr als vierzig Jahren: »*Denn* *die Werkzeuge der Herrschenden werden das Haus der Herrschenden niemals einreißen.* Sie mögen uns im Einzelfall gestatten, sie mit ihren eigenen Waffen zu schlagen, aber sie werden uns niemals darin bestärken, wirkliche Veränderungen herbeizuführen.«[62] [Kursivierung im Original.]

An dieser Stelle dürfen wir nicht vergessen, dass die Verantwortung für die Fürsorge nicht nur individualisiert, sondern strukturell auch noch vom Staat auf die Bevölkerung abgewälzt wird. In der Hölle des Jahres 2020 kam finanzielle Unterstützung von der Crowdfunding-Plattform GoFundMe. Mehr als 625 Millionen Dollar wurden allein für COVID-19-Hilfen gesammelt. Diese Gelder, häufig gespendet von einfachen Leuten in den USA, die tief in die eigene Tasche griffen, um anderen zu helfen, linderten das Leid jener, die unmittelbar unter den gesundheitlichen und wirtschaftlichen Folgen der Pandemie litten. Doch Spendenplattformen in den sozialen Netzwerken können verlässliche soziale Hilfen, eine allgemeine Krankenversicherung und andere Maßnahmen, mit denen sich Einkommens- und Vermögensungleichheiten verringern lassen, nicht ersetzen. Und gewiss ersetzen sie nicht zeitnahe, adäquate und nachhaltige staatliche Konjunkturpakete – oder ein Existenzminimum.

Die Spannung zwischen kurzfristigen Bedürfnissen und langfristigen Zielen stellt die politische Strategiearbeit für soziale Gerechtigkeit und die entsprechenden Bewegungen seit jeher vor ein Dilemma (das bestürzte Reaktionen und große Debatten auslöst). Es gibt keine einfachen Lösungen.

Vor diesem Hintergrund stellt sich die Frage: Wie können wir im Hier und Jetzt für uns und füreinander sorgen und gleichzeitig die Demontage der für viele von uns nach wie vor repressiven Systeme im Auge behalten? Wie können wir Fürsorge betreiben – auch für uns selbst –, ohne

62 Lorde (1984, dt. 2007), S. 10.

die Begrenzungen der *Selbst*fürsorge in der Branche der Alternativmedizin und Wellness aus dem Blick zu verlieren (auch angesichts eines Staates, der nicht einmal ein Mindestmaß an Unterstützung leistet)? An dieser Schnittstelle von großer Bedürftigkeit und ihrer Kommerzialisierung (die wiederum für viele zu hohe Hürden errichtet) müssen wir um Fürsorge kämpfen und *Fürsorge für den Kampf nutzen.* Man hat das Gefühl, es stand nie mehr auf dem Spiel als heute.

Fürsorge gegen Kolonialismus

Die Arbeit Schwarzer und Indigener Aktivist*innen, Forscher*innen und forschender Aktivist*innen zeigt uns, dass bei der Dekolonisierung der Prozess ebenso wichtig ist wie das Ziel. In ihrem Buch *Undoing Border Imperialism* beschreibt die südasiatisch-kanadische Aktivistin, Autorin und Pädagogin Harsha Walia die Dekolonisierung als einen »generativen und präfigurativen Prozess, durch den wir die Bedingungen schaffen, in denen wir leben wollen, und die sozialen Beziehungen, die wir uns wünschen – für uns *und* alle anderen«, während wir gleichzeitig gegen »autoritäre Staatsgewalt, repressive Hierarchien und kapitalistische Wirtschaftsformen« mobil machen. Weil jede*r von uns in bestehenden Machtsystemen anders positioniert ist, sind wir in der Dekolonisierungsarbeit aufgerufen, »angesichts unserer Mitschuld und der Widersprüche in asymmetrischen Macht- und Repressionsbeziehungen beim Abtrainieren kolonialer Strategien, die Rivalität und Spaltung fördern, voneinander zu lernen und einander kritisch zu hinterfragen«.[63]

Dekolonisierung ist somit eine relationale gelebte Pra-

63 Walia (2013), S. 107f.

xis, die den Widerstand gegen die bestehende Ordnung ebenso umfasst wie den Aufbau neuer Strukturen. In diesem Ansatz ist »*Selbst*-Fürsorge« ein Problem, ein Paradox oder vielleicht sogar ein Widerspruch in sich, denn eine dekoloniale Version der Fürsorge darf nicht individualistisch, sondern sie muss kollektivistisch sein (das heißt, mehr *Fürsorge*, weniger *Selbst*).

Vor diesem Hintergrund stellen wir hier einige Bewegungen aus aller Welt vor, die uns begeistern:

In Afrika, Südasien und Südamerika kämpfen viele Frauen gemeinsam für Autonomie. In Indien sind das beispielsweise die Gulabi Gang (Pink Saris), die gegen Vergewaltigung ins Feld ziehen, oder Bäuerinnen, die sich mittels Subsistenzwirtschaft für den ökosozialistischen Schutz des Landes und kollektive Pflege und Fürsorge engagieren. In Mexiko, Chile und Argentinien kämpfen Menschen unter den Beschränkungen durch eine repressive Regierung schon seit geraumer Zeit offensiv und entschlossen für reproduktive Autonomie, Geburtenkontrolle und Gendergerechtigkeit – ebenso wie in Polen und anderen Ländern rund um den Erdball. (Wir hoffen, dass sich auch in den USA mehr Menschen an diesen starken Bewegungen ein Beispiel nehmen, zumal seit das Oberste Gericht *Roe vs. Wade* gekippt hat und das Abtreibungsrecht, die Versorgung von trans Jugendlichen und ähnliche Formen der Gesundheitsfürsorge brutal eingeschränkt werden.)

Bewegungen in aller Welt, die zwar nicht spezifisch für Frauenrechte eintreten, an deren Spitze aber häufig cis und trans Frauen sowie genderdiverse Menschen stehen, stellen angesichts neoliberaler Austeritätspolitik Autonomie, Selbstbestimmung, den Kampf um Arbeitsrechte (auch im Bereich der reproduktiven Arbeit) sowie kollektive Pflege und Fürsorge in den Mittelpunkt; dies sind zum Beispiel: die Zapatistas im mexikanischen Bundesstaat Chiapas

(Indigene Gruppierungen, die im Süden Mexikos seit über dreißig Jahren gegen Neoliberalismus und für Unabhängigkeit und Gerechtigkeit kämpfen), die argentinischen Horizontalidad-Bewegungen (die sich seit den frühen Nullerjahren für eine dezentrale föderale Organisation der Gesellschaft engagieren) und die anarchistische Autonomieverwaltung von Rojava in Nord- und Ostsyrien (die die Gleichberechtigung nicht nur der Geschlechter, sondern aller Menschen anstrebt).

Ein Beispiel für radikale Community Care in den USA ist der ökologische Wasserschutz an der Dakota Access Pipeline durch das Indigene Reservat Standing Rock.[64] In Kanada wehrt sich die Wet'suwet'en Nation in der von Siedler*innen als British Columbia bezeichneten Provinz gegen die Coastal GasLink-Pipeline. Auch das Movement for Black Lives[65] und ähnliche antirassistische und antifaschistische Organisationen, Bewegungen und Protestgruppierungen – dazu gehören auch autonome Zonen in Seattle und Portland (samt all den Problemen, die damit einhergehen) – rücken radikale kollektive Fürsorge in den Mittelpunkt und prangern staatliche Vernachlässigung, Repression und Gewalt an.

Seit Jahrzehnten betreiben Disability-Justice- und, eng damit verwandt, Healing-Justice-Bewegungen DIY-Fürsorge – stets mit politischer Stoßrichtung. Im Zentrum der Disability Justice, so erklärt es die Aktivistin, Autorin und Dichterin Leah Lakshmi Piepzna-Samarasinha, stehen Leben, Bedürfnisse und Strategien von queeren, trans, Indigenen und Schwarzen Menschen mit Behinderung, die in den entsprechenden von Weißen dominierten Mainstream-Bewegungen marginalisiert werden.

---

64 Inwieweit Wasserschutz hier als *Fürsorge* verstanden wird, thematisieren Howard und Kneese (2020).

65 m4bl.org/. Die M4BL wurde von drei queeren Schwarzen Frauen gegründet.

In ihrem Buch *Care Work: Dreaming Disability Justice* erzählt Piepzna-Samarasinha 2018 von ihrer Zeit beim Disability Justice Collective (DJC, mit Wurzeln in Toronto und Detroit) Anfang der Nullerjahre. In diesem Zusammenhang skizziert sie die Geschichte der Care-Arbeit, wie sie von radikalen, kommunistischen, antirassistischen Kräften im Umfeld der Black Panthers geleistet wurde, und präsentiert Indigene Healing-Justice-Praktizierende aus verschiedenen Communitys und Gruppierungen. Aus ihrer Darstellung von »Care-Webs« – Netzwerken, in denen Menschen mit Behinderung einander praktisch, vor Ort und im Alltag unterstützen – wird ersichtlich, dass Fürsorge für Menschen mit Behinderung gar keine »*Selbst*-Fürsorge« sein kann, sondern immer gemeinschaftlich gestaltet, durchgeführt und weiterentwickelt werden muss. All diese Bewegungen erachten die Sorge für sich selbst dennoch als unerlässlich: Unterdrückte Menschen wüssten zwar seit jeher, dass es eigentlich »ein Dorf braucht«, doch wenn ihnen niemand zur Seite stünde, müssten sie sich eben selbst kümmern (um sich und um die Ihren). Hier ist die Reproduktion des Selbst ein fester Bestandteil der Reproduktion ganzer marginalisierter Communitys.

Da diese Form der Reproduktionsarbeit seit jeher feminisiert, aber *nicht* in erster Linie von privilegierten weißen cis Frauen verrichtet wird, könnte Fürsorge – auch »Selbstfürsorge« – durchaus dekolonisiert werden. Sehen wir uns beispielsweise an, welche Rolle Schwarze und Latina trans Frauen wie Marsha P. Johnson und Sylvia Rivers 1969 im Stonewall-Aufstand in New York spielten. Hier hatten nicht weiße Frauen das Heft in der Hand und auch nicht weiße schwule Männer. Vielmehr wurde die (häufig unentlohnte und unsichtbare) politische Sorge- und Bewegungsarbeit überwiegend von trans Frauen of Color verrichtet, unter ihnen auch Sexarbeiterinnen. Das ist nur ein Beispiel dafür, dass es oft feminisierte, rassistisch diskriminierte, queere, arme, migrantische Menschen und solche mit Behinderung sind, die Selbstfürsorge betreiben – wer sonst sollte es auch tun?

Natürlich soll sich der einzelne Mensch wohlfühlen (Revolution soll Spaß machen, wie wir von Emma Goldman, Adrienne Maree Brown und vielen anderen wissen)! Doch die Sicht des DJC auf Care-Webs, die Reproduktion marginalisierter Gemeinschaften und das gute Gefühl, das dabei entsteht, widerspricht der Vorstellung, dass man sich um andere kümmern soll, damit es einem selbst besser geht (also dem neoliberalen Motto von heute). DIY-Fürsorge dient in der Disability Justice dem Überleben *aller* – und erkennt gleichzeitig die unterschiedlichen Bedürfnisse innerhalb der Gruppe an. Fürsorge-Protokolle haben ihre Tücken: Wenn wir Care-Webs in Aktion betrachten, wird deutlich, wie unverhältnismäßig stark Schwarze und Indigene Frauen seit jeher Behinderungen auffangen – und die emotionale und körperliche Arbeit, die in Justice-orientierten Communitys für die Fürsorge der Bedürftigen geleistet werden muss. Trotz der asymmetrischen Machtbeziehungen steht für diese Communitys allerdings seit jeher neben Verantwortlichkeit und Fürsorge auch *Spaß* im Mittelpunkt.

Der radikale Forscher und Organizer Dean Spade wies 2020 in einem Artikel ebenfalls auf die gegenseitige Hilfe zugunsten einer besseren Fürsorge hin und nannte als Beispiel das Netzwerk Mutual Aid Disaster Relief (MADR), in dem marginalisierte Menschen einander in Zeiten struktureller und ökologischer Katastrophen unterstützen. Wie Spade betont, wird die gegenseitige Hilfe in der Care-Arbeit, eben weil sie feminisiert ist, oft herabgesetzt. Solche Arbeit ist aber überlebenswichtig und eröffnet gleichzeitig neue Formen der *Selbstbestimmung* und *Selbstorganisation* (wobei sich das »Selbst-« hier nicht auf ein Individuum, sondern vielmehr auf ganze Gemeinschaften bezieht).

Kollektive Fürsorge und gegenseitige Unterstützung sind keine geradlinigen Prozesse; sie verlaufen ungeordnet und zeichnen sich oft durch Konflikte und widerstreitende Bedürfnisse aus. Dennoch erfüllt die von Piepzna-Samarasinha, Spade und anderen radikalen Organizer*innen und Aktivist*innen beschriebene Arbeit die doppelte Aufgabe, aktuell existierende Systeme zu demontieren und an ihrer Stelle etwas Neues aufzubauen. Auch die Medizinerin Rupra Marya spricht in ihren Schriften über die Dekolonisierung der Gesundheitsfürsorge diese beiden Aspekte der Dekolonisierungsarbeit an: Demontage und »Reintegration«: »Wir müssen das Abgespaltene und Unterworfene – in unseren Gesellschaften, zwischen den Bevölkerungsgruppen, zwischen uns und unserer natürlichen Umwelt und in uns – wieder eingliedern. [...] Herrschaftssysteme, die immer wieder Kreisläufe aus Trauma und Entzündung reproduzieren, jene Systeme, die im Dienste des Kapitalismus stehen, müssen wir demontieren.«

Solche beeindruckenden Beispiele zeigen uns, wie wir künftig füreinander sorgen können und was auf dem Spiel steht.

Aber was kann jede*r Einzelne zur *Dekolonisierung* der Selbstfürsorge beitragen? Ehe wir diese Frage beantworten, sollten wir uns bewusst machen, dass das Konzept der »Selfcare« widersprüchlich ist wie nie zuvor (und diese Widersprüchlichkeit haben wir hoffentlich deutlich gemacht).

Stellt das »Selbst« die »Fürsorge« hier und heute vollständig in den Schatten?

Ist *Care* hier und heute – eine Fürsorge, die, wie von uns definiert, nach außen gerichtet ist, Bindung herstellt und vielleicht sogar andere einbezieht, die in Fürsorgebeziehungen zu berücksichtigen sind – womöglich gar nicht mehr der vorrangige Begriff?

Nach derzeit gängigem Verständnis bedürfen unterschiedliche Menschen der Fürsorge auf unterschiedliche Weise, haben sie in unterschiedlichem Ausmaß verdient: Wem steht Selfcare tendenziell zu? Wer hat es sich mutmaßlich verdient, sich Zeit zu nehmen, Kraft zu tanken, sich zu entspannen, seine Identität weiterzuentwickeln? Wer kann es sich leisten? Hat sich Fürsorge verdient, wer sie sich auch leisten kann, sind das zwei Seiten einer Medaille? Seid ihr – sind wir – sind sie – »es sich wert«? Habt *ihr* es euch verdient, euch zu »verwöhnen«? Vor dem Hintergrund dieser Fragen lässt sich möglicherweise behaupten, dass es heutzutage manche leichter haben als andere, sich Selfcare zu »genehmigen« …

Wir denken hier beispielsweise an die Protestaktionen der »Wall of Moms« (Mauer der Mütter) in Portland, Oregon im Sommer 2020. Nach medialer Darstellung handelte es sich bei den Müttern, die für die Rechte Schwarzer Mütter auf die Straße gingen, die Black-Lives-Matter-Bewegung unterstützten und gegen die Morde an George Floyd und Breonna Taylor protestierten, um weiße cis Frauen.

Racial-Justice-Aktivistinnen wiesen indes darauf hin, dass sich Schwarze Mütter seit jeher antirassistisch engagieren, *weil sie es müssen* – um ihre Kinder zu schützen. Doch in der Wall of Moms taten sich noch weitere Risse auf: Beanspruchten weiße Mütter zu viel Raum? Hätten sie sich körperlich *stärker* vor die Schwarzen Demonstrierenden stellen sollen? Und wenn sie es taten, geschah das nur, weil sie Schwarzen Müttern und Black Lives Matter die Show stehlen wollten? Vielen wurde genau das vorgeworfen, und manche gingen daraufhin in die Defensive.

Einige dieser weißen Frauen führten *definitiv* nichts Gutes im Schilde, denn obwohl sich die Gruppierung das Ziel gesetzt hatte, Schwarze Demonstrierende zu schützen, verweigerten sie auf Protestmärschen und Demonstrationen in ihrem Egoismus den Schwarzen Frauen eben diesen Schutz (man könnte wohl von einem schamlosen und narzisstischen Akt der *Selbst*-Fürsorge sprechen). Im August 2020 zerfiel die Gruppe Wall of Moms, und viele wechselten zur neuen Gruppierung Moms United for Black Lives, die unter Schwarzer Führung stand.

Was sagt uns das über die Dekolonisierung der Selfcare? Zum einen verfolgen nicht alle Menschen dieselben Absichten. Die Mütter gingen aus unterschiedlichen Motiven auf die Straße, ihr antirassistisches Engagement war unterschiedlich stark ausgeprägt (und es stand für sie auch unterschiedlich viel auf dem Spiel). Welche Art von Fürsorge hatten sie jeweils im Kopf? Selbstfürsorge? Kollektive Fürsorge? Kollektive Fürsorge zum Vorteil der einzelnen Frau? Wir werden nie erfahren, was die Frauen jeweils auf die Straße trieb, aber von denen, die die eigenen Interessen selbstgefällig über die kollektive Fürsorge stellten, könnte man sicherlich mehr erwarten (und könnte sie vielleicht sogar zurechtweisen oder in die Pflicht nehmen). Und wir können sie für ihre Fehler zur Rechenschaft ziehen, aus ihren Fehlern lernen, Abläufe verbessern und künftig die Fürsorge besser hinkriegen.

Was ihr heute tun könnt, um euch die Selfcare von der kapitalistischen und kolonialistischen Macht zurückzuholen

Dynamische Bewegungen, die Demontage und Reintegration verbinden, machen auf uns einen starken Eindruck, und wir hoffen, euch geht es genauso. Aber was ist mit all jenen, die nicht bereits aktiv sind? Wenn wir in einer Zeit mit zu viel *Selbst* und zu wenig *Fürsorge* leben: Wie können wir das ändern, wie die Verhältnisse umdrehen?

Ehe wir konkrete Vorschläge machen, sollten wir uns klarmachen, dass das In-sich-Gehen (oder das Aus-sich-Herausgehen) für unterschiedliche Menschen unterschiedlich riskant und interessant ist. Bei einigen wirkt es angesichts ihrer historischen Privilegiertheit geradezu narzisstisch, wenn sie sich nach innen wenden und Selbstfürsorge betreiben. Für andere, die seit jeher unterdrückt und marginalisiert werden, könnte dieses In-sich-Gehen eher so etwas wie Gerechtigkeit herstellen. Man kann, finden wir, schon mal damit anfangen, diesen Unterschied – diese Asymmetrie – zu verinnerlichen. Vergessen wir nicht, dass manche seit jeher weniger auf Fürsorge – auch *Selbst*fürsorge – zurückgreifen können als andere.

Wir gestehen zu, dass kollektive Fürsorge, Selbstfürsorge und soziale Gerechtigkeit in einem komplexen Verhältnis stehen und dass ihre *Dekolonisierung* in den bestehenden Machtsystemen (das heißt unter der verantwortungslosen und unverantwortlichen neoliberalen, rassistisch-kapitalistischen Nationalstaats- und Weltordnung) unvollkommen bleiben muss. Und wenn wir etwas *nicht* wollen, dann dass wir aus lauter Grübelei und Angst vor Kritik im richtigen Leben nichts tun.

Politische Bewegungs- und Bildungsarbeit wird seit jeher dadurch erschwert, dass sie nervenaufreibend und jede Aktion in vielschichtige Kontexte und historische Entwicklungen eingebettet ist. Ob jemand wirklich »etwas zur Bewegung beiträgt« oder nur »Platz für sich beansprucht«, lässt sich oft nicht schlüssig beantworten. Deswegen sollten wir aber trotzdem versuchen, etwas zu verändern. Und wie wir gezeigt haben, gibt es keinen Ort, der von all dem unberührt ist.

Vor diesem Hintergrund sollten wir ein paar Grundsätze beachten. Wir leiten sie aus den dekolonialen, revolutionären und abolitionistischen Schriften und Lehren forschender und aktivistischer BIPoC ab, die wir im Lauf der Jahre lesen durften.

Zuallererst: Alles, was wir tun, muss kollektiv geschehen und unter Leitung Schwarzer und Indigener Menschen of Color sowie all derer, die am stärksten entrechtet und am wenigsten beteiligt werden und die es am nötigsten brauchen. Hört auf diejenigen, die besonders marginalisiert und verletzlich sind! Das heißt, schließt euch denen an, die von den ungerechten Strukturen stärker betroffen sind als ihr selbst. Wenn ihr wie wir weiß seid, heißt das, dass ihr innerhalb der Bewegung häufiger schweigt und dass ihr Ungleichheit zum Thema macht, wenn ihr auf andere Weiße trefft.

Zweitens: Wenn ihr weiß seid und vom Verkauf von Waren und/oder Dienstleistungen im Selfcare-Bereich profitiert, solltet ihr dafür sorgen, dass eure Arbeit nicht nur eurem wirtschaftlichen Erfolg, sondern auch der Gerechtigkeit zugute kommt. Zum Beispiel könntet ihr eure Waren und Dienstleistungen BIPoC und Angehörigen anderer Bevölkerungsgruppen, die unmittelbar unter dem neoliberalen, rassistischen Kapitalismus leiden, umsonst oder vergünstigt überlassen.

Und schließlich: Denkt daran, niemand kann alles schaffen, aber wir können unser Handeln stärker an moralischen und politischen Grundsätzen orientieren. Wir müssen alle auf uns selbst achten (die Zeiten, in denen wir leben, sind ja auch echt stressig), doch wir sollten es so tun, dass auch andere auf sich (und andere) achten können. Und wir dürfen die Gesamtzusammenhänge nicht aus dem Auge verlieren. Wir sollten uns aus der Defensive wagen. Daher müsste der letzte Gedanke vielleicht am Anfang stehen: Entwickelt und verfeinert euren politischen Kompass (falls noch nicht geschehen), und überlegt euch, wie und wo ihr eure Energie sinnvoll investieren (und am meisten beitragen) könnt. Und dann: Tut es.

Ach so, ihr wollt es genauer?

Das ist alles andere als einfach, denn auch wir lernen täglich dazu, wie man dekoloniale, antikapitalistische, antifaschistische und antirassistische Bewegungen vor Ort am besten unterstützen kann. Aber hier kommen ein paar Ideen, die wir im Laufe unseres Lebens von anderen aufgeschnappt (wir lernen nie aus) und die uns gefallen haben. Wir hoffen, sie gefallen euch auch:

- Es ist nicht nur in unserem eigenen Interesse, Unwohlsein und erlittene Traumata zu heilen, sondern wir gewinnen dadurch auch Reserven für die Fortsetzung des Kampfes um Gerechtigkeit (und nicht etwa für mehr Produktivität im Job und/oder in der eigenen Firma). Deshalb sollt ihr natürlich auf euch aufpassen! Niemand hält es auf Dauer durch, im politischen Aktivismus und in der Community-Arbeit ständig auf Hochtouren zu laufen (und wie sollten Menschen mit Behinderung da mithalten?). Sucht euch Fürsorge, wenn ihr sie braucht, und gebt euch ausreichend Zeit und Raum, um euch zu erholen und zu regenerieren. Das gilt besonders für Menschen, die gleich mehrere Formen der Repression erleben. Wenn die Gesellschaft euch und euer Wohlergehen nicht wertschätzt, ist es – nach Audre Lorde – ein wahrhaft radikaler Akt, wenn ihr euch um euch selbst kümmert.
- Verbessert euer soziales Wohlergehen, indem ihr euch mit anderen zusammenschließt, ihnen Fürsorge schenkt, ihnen Hilfe anbietet. Es ist hinreichend belegt, dass das Knüpfen und Bewahren sozialer Beziehungen Gesundheit und Gemeinschaftssinn fördern. Umgekehrt schaden uns besonders in Krisenzeiten Distanz und Einsamkeit. Wenn wir Ressourcen teilen und – besonders in schweren Zeiten – füreinander da sind, können wir uns in dieser toxischen Welt gegenseitig unterstützen und gleichzeitig die Fürsorge und die Kapazitäten der Community ausbauen (und das ist etwas völlig anderes als das neoliberale Credo, nach dem frau für andere sorgt, damit es ihr besser geht).

- Nehmt statt Selbst*optimierung innere Bereicherung* in den Blick. Lest ein Buch, eignet euch gemeinsam mit anderen Wissen über Sklavenbefreiung, Dekolonisierung, Revolution und radikale Healing-Justice-Bewegungen an. Und denkt daran: Wir sind – auf unsere jeweils eigene Weise und aus unserer jeweiligen intersektionalen Perspektive – alle damit beschäftigt, die toxischen Botschaften aus der Gesellschaft, die wir unser Leben lang aufgesaugt haben, zu überwinden. Seid nachsichtig mit euch, wenn ihr diese Botschaften hinter euch lasst, übernehmt jedoch Verantwortung für jegliches Leid, das ihr anderen zufügt, auch unabsichtlich. Wir haben alle Arbeit vor uns. Wir machen alle Fehler. Es kommt nur darauf an, wie wir mit diesen Fehlern umgehen.
- Engagiert euch in Kollektiven, die Fürsorge am Gemeinwohl und an sozialer Gerechtigkeit ausrichten. Für uns in New York sind das Einrichtungen wie Heal Haus (das Yoga, Meditation, Körper- und Energiearbeit anbietet), das Brooklyn Zen Center (mit einem BIPoC-Sangha) und das (mittlerweile geschlossene) Third Root Collective (mit Yoga, Akupunktur, Massage, Community-Workshops und vielem mehr). Unabhängig davon, ob ihr hingeht, um selbst Fürsorge zu erhalten (und das empfehlen wir euch unbedingt), könnt ihr, falls ihr die Mittel habt, darüber hinaus Geld spenden, damit diese Einrichtungen überleben und ihre Dienste auch den Menschen anbieten können, die sie am dringendsten brauchen. Heal Haus beispielsweise verfügt über einen Therapiefonds, aus dem BIPoC Zuschüsse beantragen können. Über diese Initiative sollen Menschen, die besonders stark unter Traumata und struktureller Alltagsgewalt leiden, psychologische Hilfe erhalten; die Begünstigten können acht Sitzungen bei ansässigen Therapeut*innen in Anspruch nehmen. Auch das Third

Root Collective finanzierte mit Spenden an seinen kollektiven Care-Fonds kostengünstige oder kostenlose Fürsorge, »wo sie am meisten gebraucht wird – für Schwarze und Indigene Menschen of Color, bevorzugt aus [dem Brooklyner Stadtteil] Flatbush, für trans Frauen und Femmes sowie für Menschen mit Behinderung oder Gefängniserfahrung« (thirdroot.org/our-mission). Natürlich ist keine dieser Organisationen perfekt, doch soweit wir wissen, betonen alle die Verantwortung im Kollektiv, aber auch in den Communitys und Stadtvierteln, in denen sie angesiedelt sind. Uns scheint, das ist in der gemeinschaftlichen Fürsorge ein Schritt in die richtige Richtung.

- Engagiert euch in lokalen Kollektiven, die sich für die Rechte Schwarzer und Indigener Menschen einsetzen, oder in anderen Organisationen, Kollektiven und Bewegungen unter PoC-Führung. In den Vierteln, in denen wir leben, gibt es Selbsthilfegruppen, Foodsharing-Kühlschränke und Gemeinschaftsgärten sowie andere zum Teil in der COVID-19-Pandemie entstandene Initiativen. Bed-Stuy Strong (BSS) zum Beispiel, das eine junge Frau of Color im Brooklyner Stadtteil Bedford Stuyvesant gründete, warb in der Pandemiezeit Geld und Arbeitskraft ein, um Lebensmittel (in den heißen Sommermonaten auch Fenster-Klimaanlagen) zu kaufen und an die Menschen im Viertel zu liefern, die sich Lebensmittel (oder Klimaanlagen) nicht leisten oder das Haus nicht verlassen konnten. Mitten in der Pandemie entstand in Reaktion auf den eskalierenden Rassismus und Fremdenhass gegenüber asiatischstämmigen Menschen in New York das Kollektiv Heart of Dinner, dessen Mitglieder Essen kochen und es einkommensschwachen älteren asiatisch-amerikanischen Menschen, die ihre Wohnung nicht verlassen können, ins Haus bringen (gegen die Einsamkeit enthalten die Päckchen auch handschriftliche Briefe). Denkt daran: Wenn ihr weiß seid, dürft ihr nicht erwarten, dass man euch in solchen Bewegungen, Kollektiven und Organisationen auf Anhieb mit offenen Armen aufnimmt! Ihr könnt jedoch die Arbeit unterstützen, indem ihr Bedürftigen davon erzählt, Beziehungen knüpft und Koalitionen schmiedet, den Einrichtungen, wenn möglich, etwas spendet und/oder eure Zeit, Arbeitskraft und Hilfe anbietet, wann und in welcher Form auch immer sie gebraucht werden.

- Lasst euch ausbilden im Sanitätsdienst, in der Demonstrationsbeobachtung, der Unterstützung von Aktivist*innen vor Gericht, der Versorgung mit Lebensmitteln, Wasser und anderen Ressourcen, oder beteiligt euch an der Durchführung antikapitalistischer und antirassistischer Proteste und Aktionen (ihr könnt auch einfach Werbung dafür machen oder, wenn möglich, Geld spenden). Unterstützt die Strategien langfristig – am besten fragt ihr bei Gruppierungen vor Ort nach, was sie brauchen können.
- Eine andere Möglichkeit ist natürlich, Netzwerke, in denen ihr bereits aktiv seid, zu nutzen und/oder gemeinsam mit anderen – aus eurem Freundeskreis, der Nachbarschaft oder der Familie – Fürsorgenetzwerke und Kollektive *aufzubauen*, damit ihr einander die jeweils benötigte Unterstützung geben könnt. Wenn ihr Nahrung, Waren, Kompetenzen und Dienstleistungen (zum Beispiel Massagen, Putzarbeiten und so weiter) gemeinsam nutzt oder tauscht, so wird Fürsorge nachhaltiger – und angenehmer.
- Und schließlich: Protestiert in jeder euch möglichen Form gegen Ungerechtigkeit in eurer Stadt, an eurer Universität oder sonst wo (schließt euch Aktiven vor Ort an, die von der jeweiligen Thematik besonders betroffen sind). Denkt daran, dass sich nicht alle gleicher-

maßen an Demonstrationen und Protestaktionen beteiligen können und die Gefahr durch Polizeiübergriffe Menschen in unterschiedlichem Maße betrifft. Aber: Wir können uns zusammenschließen und ORGANISIEREN.

An Gelegenheiten, sich in bestehenden Care Communitys zu engagieren, besteht wahrlich kein Mangel. Wir haben hier Organisationen in New York genannt, natürlich gibt es aber auch anderswo in den USA Gruppierungen und Kollektive, zum Beispiel das Kindred Southern Healing Justice Collective, das Black Emotional and Mental Health Collective (BEAM), das Disability Justice Collective (sie alle sind mittlerweile US-weit tätig) oder die Bad Ass Visionary Healers (unter anderem in der San Francisco Bay Area). Das sind nur einige der bekanntesten Kollektive. Wenn ihr recherchiert, findet ihr garantiert Leute in eurer Nähe, die sich um diese Art der Fürsorgearbeit kümmern.

***

Audre Lordes Worte sind auch in diesem Zusammenhang bis heute relevant und treffend: »Eines der schwierigsten Dinge, die ich akzeptieren musste, war, zu lernen, in Ungewissheit zu leben und sie weder zu leugnen noch mich hinter ihr zu verstecken. Und vor allem, auf die Botschaften der Ungewissheit zu hören, ohne zuzulassen, dass sie mich lähmen, oder mir den Blick auf die Gewissheiten der Wahrheiten zu verstellen, an die ich glaube. Ich lasse ab von dem Bedürfnis, die Zukunft zu rechtfertigen – zu leben, was noch nicht war. Ich glaube und arbeite für das, was noch nicht ist, und lebe dabei ganz im Jetzt.«[66]

66 Lorde (1988, dt. 2021), S. 173.

Wenn wir davon überzeugt sind, dass es einen anderen Weg gibt, so ist das bereits der erste Schritt, Leid und Traumata durch Kolonisierung, Kolonialismus und Kolonialität zu überwinden. Der nächste Schritt ist kollektives Handeln: gemeinsam den Worten Taten folgen lassen. Wenn wir auf echte Veränderung hinarbeiten, werden wir Angst vor dem Unbekannten haben. Das wird unbequem. Wenn wir über sämtliche Unterschiede hinweg zusammenarbeiten, sind Konflikte und Widersprüche unvermeidlich. Aber um mit Eve Tuck und K. Wayne Yang zu sprechen: »Wir werden die Antworten unterwegs finden.«[67]

Angesichts all der Widersprüche, die wir in diesem Buch beschrieben haben, wollen wir am Schluss – wie viele andere in den Bereichen Forschung, Aktivismus, Kunst und Community Organizing – aufzeigen, welche Chancen das Bezugssystem Dekolonialität und Antikolonialismus für die Selbstfürsorge eröffnet *und* welche Grenzen es hat. Dieser spezifische Selfcare-Moment scheint für ein solches Bezugssystem reif zu sein (und es dringend zu brauchen), doch wir wenden es nicht leichtfertig an und wollen auch eine Metaphorisierung der »Dekolonisierung« vermeiden, vor der Tuck und Yang 2012 in ihrem Essay warnten. Geboten ist das insbesondere angesichts der brutalen und schädlichen wirtschaftlichen und finanziellen Bedingungen, die in der globalen Gesundheits- und Wellness-Branche herrschen. Die politische Ökonomie der Selfcare ist ein Fakt. Sie schädigt und gefährdet Land, Wasser, Tiere und arbeitende Menschen, viele von ihnen Frauen of Color im Globalen Süden. Diese Form der »Selbstfürsorge« ist nicht nur ein sprachliches Ärgernis und auf Instagram eine optische Geschmacklosigkeit. Die Aktivitäten der damit befassten Branche haben darüber hinaus irreversible materielle Folgen.

67 Tuck und Yang (2012), S. 35.

In der Einleitung zu einer 2021 auf *Post 45* erschienenen Essay-Sammlung zum Thema »Decolonize X?« hinterfragt Scott Challener kritisch die jüngsten Forderungen, schlichtweg alles zu dekolonisieren, von Therapie, Yoga und Thanksgiving über den schulischen Lehrplan, das Klassenzimmer und das Bücherregal bis hin zur *Dekolonisierung selbst.* In einem der Essays beklagt Kelly Roberts, »Dekolonisierung« werde mittlerweile als Synonym für »politisches Engagement« verwendet, und die strukturelle Korrektur richte sich allzu häufig unter anderem gegen Objekte, Institutionen und Kanons – oder »eure Denkweise«. Wie Forschende im Bereich der »dekolonialen Wende« anführen – und viele vor ihnen, die diesem spezifischen Kanon vielleicht nicht zugeordnet werden –, ist Dekolonisierung, genau wie Kolonialität, ein Prozess ohne klaren Endpunkt. Und genau um diesen chaotischen, zerrüttenden Prozess geht es. Es sind aber eben auch echte Menschen beteiligt, und die Berücksichtigung ihrer ungleichen und uneinheitlichen Subjektivität, Positionalität und Verortung muss in unserer *Politik des Engagements* Berücksichtigung finden – weshalb wir laut Roberts »unsere politischen Ziele entlang der materiellen Fragen, die historisch auf dem Spiel stehen, neu ausloten müssen«.

Wenn man diejenigen, die Fürsorge geben und nehmen, ins Zentrum der politischen und materiellen Umstände rückt, könnte Fürsorge aus unserer Sicht diese Aufgabe des Auslotens übernehmen. Wie zahlreiche Schwarze und Indigene, arme und queere Menschen, Menschen mit Behinderungen und trans Feminist*innen bereits dargelegt haben, kann Fürsorge vollständig zu einem Netz verschmelzen; ihr reziprokes, reproduktives und revolutionäres Potenzial ist unendlich. Unter dem Kapitalismus und Kolonialismus wird der Eindruck vermittelt, wir bräuchten »Selfcare«, um zu überleben, dabei birgt »Care«, Fürsorge, bereits die Macht in sich, diese Strukturen der Ungleichheit zu beseitigen. Dekolonialität, Antikapitalismus und das Streben nach Gerechtigkeit wohnen somit der Fürsorge womöglich schon inne – sofern sie ernsthaft politisch genutzt und (neu) ausgelotet wird.

Wenn wir also wie in diesem Buch über die Dekolonialisierung der Selfcare nachdenken, könnte es helfen, neben dem »Praktizieren von Selbstfürsorge« auch die Fürsorge insgesamt in den Blick zu nehmen, als einen starken Akt des Widerstandes, der grundsätzlich beziehungsorientiert und kollektiv ist. Und wenn echte Menschen mit ihrem echten konkreten Handeln und ihren evident unterschiedlichen Privilegien diese Unterschiede durch gegenseitige Unterstützung, kollektive Protestaktionen und Gemeinschaftssinn aufheben, könnte die Dekolonialität das akrobatische Kunststück, das Chaos aus Kapitalismus, Kolonialismus zu bewältigen und zu beseitigen, durchaus erleichtern.

Und ein letzter Gedanke: Ein anderer Autor dieser *Dekolonisiert*-Reihe hat den weißen Hipster dazu aufgerufen, als »Race Traitor« zum »Verräter an seinem Weißsein« zu werden und so ein bestimmtes weißes Vorbild, eine weiße Lebensart zu dekolonisieren.[68] Ein ähnliches Verfahren ist unserer Ansicht nach für die Selfcare nötig (noch einmal: mehr *Care*, weniger *Self*).

Kann man zum *Care Traitor* werden?

Eine Möglichkeit wäre, weniger zu twittern und mehr zu tun, indem man zum Beispiel im richtigen Leben etwas für den Schutz von Communitys samt ihrem Wasser, ihren Ressourcen und ihrem Land unternimmt. Wie gesagt wollen wir weder Pessimismus verbreiten noch woke Influencer*innen bloßstellen, nur weil sie nicht rein oder perfekt

68 Pierrot (2021), S. 132.

genug sind. Schließlich verheddern wir uns alle in den Widersprüchen des neoliberal-rassistischen Kapitalismus, weil sich niemand außerhalb dieses Systems positionieren kann.

Will sagen: Wenn zwei Aspekte, Ansätze oder Ideen scheinbar unvereinbar sind, muss das nicht im Chaos oder im Zusammenbruch enden. Vielmehr kann es zu einem *Durch*bruch kommen, das heißt, durch die Spannung eröffnet sich eine neue Möglichkeit.

Lilla Watson, Aboriginal Elder, Aktivistin, Pädagogin und Künstlerin, hat einmal gesagt: »Wenn ihr gekommen seid, um mir zu helfen, vergeudet ihr eure Zeit. Wenn ihr gekommen seid, weil eure Befreiung mit der meinen verknüpft ist, dann lasst uns zusammenarbeiten.« Wir wollen unser Buch mit diesem Zitat beenden, weil es eine völlig andere Dimension in sich birgt als die neoliberale Haltung, nach der man sich um andere kümmert, damit es einem selbst besser geht. Wir sollten uns eingestehen, dass wir alle der Befreiung bedürfen, jedoch sehr unterschiedliche Erfahrungen mit Marginalisierung und Repression gemacht haben. Wir sollten daher dieses kollektive Fürsorgebedürfnis erkennen und gleichzeitig aus der Defensive kommen, denn verschiedene Menschen und verschiedene Gruppen brauchen zu unterschiedlichen Zeiten in unterschiedlichem Ausmaß jeweils andere Fürsorge, und das ist gut so.

Wie viele andere suchen wir nach einem gangbaren Weg, aus dem Kapitalismus herauszukommen, Faschismus zu beenden, Kolonialismus, Rassismus, Cis-Heterosexismus und die weiße Vorherrschaft abzuschaffen. Wenn Fürsorge für alle besser verfügbar wird, so ist das ein wichtiger Schritt in diese Richtung, aber nur einer von vielen, die wir gehen müssen. Wir glauben, dass Formen der Fürsorge und der sozialen Organisation, die auf Wechselbeziehungen, Gegenseitigkeit und Verantwortlichkeit (füreinander, für das Land und für alle Lebewesen) gründen, nicht nur möglich, sondern unverzichtbar sind – für eine revolutionäre Politik, für das Projekt der Dekolonisierung und für eine bessere Welt. Wir hoffen, mit unseren Bemühungen hier und in der Zukunft ein wenig zur Schaffung all dessen beizutragen.

Oh, und P. S.: Gesundheitsversorgung und Krankenversicherung für alle!

Literaturverzeichnis

Active Minds (o. D.). »Self-care and mental health«, activeminds.org/about-mental-health/self-care/#:~:text=What%20is%20self%2Dcare%3F,fully%2C%20 vibrantly%2C%20and%20effectively

Ahmed, S. (2010). *The promise of happiness.* Durham, NC: Duke University Press.

Alexander, M. J. (2005). *Pedagogies of crossing: Meditations on feminism, sexual politics, memory, and the sacred.* Durham, NC: Duke University Press.

American Academy of Allergy, Asthma and Immunology (o. D.). »The myth of IGG food panel testing.« aaaai.org/conditions-and-treatments/library/allergy-library/IgG-food-test

American Psychiatric Association (2013). *Diagnostic and statistical manual of mental disorders* (5. Aufl.). Arlington, VA: American Psychiatric Association.

American Psychiatric Association (o. D.). »APA Public opinion poll—Annual meeting 2018.« psychiatry.org/newsroom/apa-public-opinion-poll-annual-meeting-2018

Anzaldúa, G. (1983). Vorwort zur 2. Auflage von *This bridge called my back: Writings by radical women of color.* Hgg: C. Moraga, G. Anzaldúa und T. C. Bambara. New York, NY: Kitchen Table/Women of Color Press.

Appleton, N. S. (4. Februar 2019). »Do not ›decolonize‹ ... If you are not decolonizing: Progressive language and planning beyond a hollow academic rebranding. *Critical Ethnic Studies Blog*, criticalethnicstudiesjournal.org/blog/2019/1/21/do-not-decolonize-if-you-are-not-decolonizing-alternate-language-to-navigate-desires-for-progressive-academia-6y5sg

Arango, T. (3. September 2020). »Just because I have a car doesn't mean I have enough money to buy food.« In: *New York Times*, nytimes.com/2020/09/03/us/food-pantries-hunger-us.html

Aultman, B. (2014). »Cisgender.« In: *TSQ* 1, Nr. 1–2, S. 61f., doi.org/10.1215/23289252-2399614

Barkataki, S. (25. September 2018). »How to decolonize your yoga practice«, susannabarkataki.com/post/how-to-decolonize-your-yoga-practice/

Barker, K. (2014). »Mindfulness meditation: Do-it-yourself medicalization of every moment.« In: *Social Science and Medicine* 106, S. 168–176.

Basas, C. G. (2014). »What's bad about wellness? What the disability rights perspective offers about the limitations of wellness.« In: *Journal of Health Politics, Policy and Law* 39, Nr. 5, S. 1035–1066.

Bassett, M. T. (2016). »Beyond berets: The Black Panthers as health activists.« In: *American Journal of Public Health* 106, Nr. 10, S. 1741–1743.

Bassett, M. T. (2019). »No justice, no health: The Black Panther Party's fight for health in Boston and beyond.« In: *Journal of African American Studies* 23, S. 352–363.

Basson, R. (2000). »The female sexual response: A different model.« In: *Journal of Sex and Marital Therapy* 26, S. 51–65.

Bedell, D. (12. Juni 2018). »Seeds of change: How women owners are driving business growth in the wellness sector«, thisiscapitalism.com/seeds-of-change-how-women-owners-are-driving-business-growth-in-the-wellness-sector/

Beecher, C. und H. Beecher Stowe (1869 [2002]). *The American woman's home.* Hartford, CT: Harriet Beecher Stowe Center.

Bell, W. (6. März 2018). »9 self-care tips.« In: *Teen Vogue*, teenvogue.com/gallery/free-self-care-gift-guide

Berila, B. (2016). »Mindfulness as a healing, liberatory practice in queer anti-oppression pedagogy.« In: *Social Alternatives 35* (3), S. 5–10, search.informit.org/doi/10.3316/informit.617606909549894

Bergner, D. (24. November 2009). »Women who want to want.« In: *New York Times Magazine*, nytimes.com/2009/11/29/magazine/29sex-t.html

Bhutta, N., Chang, A. C., Dettling, L. J. und J. W. Hsu (28. September 2020). »Disparities in wealth by race and ethnicity in the 2019 Survey of Consumer Finances.« *Board of Governors of the Federal Reserve System*, federalreserve.gov/econres/notes/feds-notes/disparities-in-wealth-by-race-and-ethnicity-in-the-2019-survey-of-consumer-finances-20200928.html

Billock, J. (22. Mai 2018). »Pain bias: The health inequality rarely discussed.« In: *BBC*, bbc.com/future/article/20180518-the-inequality-in-how-women-are-treated-for-pain

Biltekoff, C. (2007). »The terror within: Obesity in post 9/11 US life.« In: *American Studies* 48, Nr. 3, S. 2948.

Bivens, J. und B. Zipperer (26. August 2020). »Health insurance and the COVID-19 shock: What we know so far about health insurance losses and what it means for policy.« *Economic Policy Institute*, epi.org/publication/health-insurance-and-the-covid-19-shock/

Bivens, J. und L. Mishel (2. September 2015). »Understanding the historic divergence between productivity and a typical worker's pay.« *Economic Policy Institute*, epi.org/publication/understanding-the-historic-divergence-between-productivity-and-a-typical-workers-pay-why-it-matters-and-why-its-real/

Bloom, J. und W. E. Martin (2013). *Black against empire: The history and politics of the Black Panther Party*. Berkeley, CA: University of California Press.

Boehm, M. (o. D.). michaelaboehm.com/

Boehm, M. (2018). *The wild woman's way: Unlock your full potential for pleasure, power, and fulfillment*. New York, NY: Atria/Enliven.

Bondi, L. und N. Laurie (2005). »Working the spaces of neoliberalism: Activism, professionalisation, and incorporation: Introduction.« In: *Antipode* 37, Nr. 3, S. 393–401.

Borgo Egnazia (o. D). borgoegnazia.com/?lang=en

Bossio, J., Basson, R., Driscoll, M., Correia, S. und L. Brotto (2018). »Mindfulness-based group therapy for men with situational erectile dysfunction: A mixed-methods feasibility analysis and pilot study.« In: *Journal of Sexual Medicine* 15, S. 1478–1490.

Bowles, N. (7. November 2019). »How to feel nothing now, in order to feel more later: A day of dopamine fasting in San Francisco.« In: *The New York Times*, nytimes.com/2019/11/07/style/dopamine-fasting.html

Boyle, S. (o. D.). »Remembering the origins of the self-care movement«, bust.com/history-of-self-care-movement/

Brenton, J. und S. Elliott (2014). »Undoing gender? The case of complementary and alternative medicine.« In: *Sociology of Health and Illness* 36, S. 91–107, doi/10.1111/1467-9566.12043

Brodesser-Akner, T. (2. August 2017). »Losing it in the anti-dieting age.« In: *New York Times Magazine*, nytimes.com/2017/08/02/magazine/weight-watchers-oprah-losing-it-in-the-anti-dieting-age.html

Brodesser-Akner, T. (25. Juli 2018). »How Goop's haters made Gwyneth Paltrow's company worth $250 million.« In: *The New York Times*, nytimes.com/2018/07/25/magazine/big-business-gwyneth-paltrow-wellness.html

Brotto, L. A. (2011). »Non-judgmental, present-moment, sex … as if your life depended on it.« In: *Sexual and Relationship Therapy* 26, S. 215f.

Brotto, L. A. (2018). *Better sex through mindfulness: How women can cultivate desire.* Berkeley, CA: Greystone Books.

Brown, A. M. (2017). *Emergent strategy: Shaping change, changing worlds.* New York, NY: AK Press.

Brown, A. M. (2019). *Pleasure activism: The politics of feeling good.* New York, NY: AK Press.

Brown, P., Zavestoski, S., McCormick, S., Mayer, B., Morello-Frosch, R. und R. Gasior Altman (2004). »Embodied health movements: New approaches to social movements in health.« In: *Sociology of Health & Illness* 26, S. 50–80, doi/10.1111/j.1467-9566.2004.00378.x

Browne, R. (30. Oktober 2018). »Gwyneth Paltrow's lifestyle firm Goop reported to UK watchdogs over ›potentially dangerous‹ health advice.« In: *CNBC*, cnbc.com/2018/10/29/gwyneth-paltrows-goop-reported-to-uk-watchdogs-over advertising.html

Bulka, C. M., Davis, M. A., Karagas, M. R., Ahsan, H. und M. Argos (2016). »The unintended consequences of a gluten-free diet.« In: *Epidemiology* 28, Nr. 3, S. e24–c25.

Bulletproof (o. D.), bulletproof.com

Calvo, L. und C. R. Rueda Esquibel (2016). *Decolonize your diet: Plant-based Mexican-American recipes for health and healing* [Kindle iOS version].

Cambridge Dictionary (o. D.). dictionary.cambridge.org /us/dictionary/english/financial-instrument

Cardenas, D. (2013). »Let not thy food be confused with thy medicine: The Hippocratic misquotation.« In: *e-SPEN Journal* 8, Nr. 6, S. e260-e262, doi:10.1016/j.clnme.2013.10.002

Chait, J. (3. Oktober 2012). »Paul Ryan fears the 30 percent.« In: *New York Magazine*, nymag.com/intelligencer/2012/10 /paul-ryan-fears-the-30-percent.html

Challener, S. (30. Juli 2021). »Introduction: Not only a metaphor.« In: »DecolonizeX?«, post45.org/2021/07/introduction-not-only-a-metaphor/

Chandanabhumma, P. P. und S. Narasimhan (2020). »Towards health equity and social justice: An applied framework of decolonization in health promotion.« In: *Health Promotion International* 35, Nr. 4, S. 831–840, doi:10.1093 /heapro/daz053

Chang, M. L. und A. Nowel (2016). »How to make stone soup: Is the ›paleo diet‹ a missed opportunity for anthropologists?« In: *Evolutionary Anthropology* 25, S. 228–231.

Chivers, M. L., Seto, M. C., Lalumière, M. L., Laan, E. und T. Grimbos (2010). »Agreement of self-reported and genital measures of sexual arousal in men and women: A meta-analysis.« In: *Archives of Sexual Behavior* 39, S. 5–56.

Cigna (1. Mai 2018). »Cigna study reveals loneliness at epidemic levels in America: Spotlight on the impact of loneliness in the US and potential root causes«, multivu.com/players /English/8294451-cigna-us-loneliness-survey/

Clare, E. (2017). *Brilliant imperfections: Grappling with cure.* Durham, NC: Duke University Press.

Cobra, S. (o. D.). sashacobra.com/

Conrad, P. (1994). »Wellness as virtue: Morality and the pursuit of health.« In: *Culture, Medicine and Psychology* 18, S. 385–401, doi.org/10.1007/BF01379232

Crawford, R. (1980). »Healthism and the medicalization of everyday life.« In: *International Journal of Health Services* 10, Nr. 3, S. 365–388, doi.org/10.2190/3H2H-3XJN-3KAY -G9NY

Crawford, R. (2006). »Health as a meaningful social practice.« In: *Health* 10, Nr. 4, S. 401–420, doi.org/10.1177/13634593060 67310

Csikszentmihalyi, M. (1990). *Flow: The psychology of optimal experience.* New York, NY: Harper Perennial.

Curiel-Allen, T. (4. März 2018). »What decolonization is, and what it means to me.« In: *Teen Vogue*, teenvogue.com/story/what-decolonization-is-and-what-it-means-to-me

Cusens, B., Duggan, G. B., Thorne, K. und V. Burch (2010). »Evaluation of the breathworks mindfulness-based pain management programme: Effects on well-being and multiple measures of mindfulness.« In: *Clinical Psychology and Psychotherapy* 17, S. 63–78.

Daedone, N. (11. Juni 2011). »Orgasm: The cure for hunger in the Western woman« [Video]. TEDxSF, youtube.com/watch?v=s9QVq0EM6g4

Davis, A. (o. D.). »Radical Selfcare«, »Angela Davis on radical self care.« Afropunk, youtube.com/watch?v=Q1cHoL4vaBs

Debiec, J. (10. Mai 2018). »39% of Americans more anxious today than this time last year.« *Michigan Medicine – University of Michigan*, labblog.uofmhealth.org/body-work/39-of-americans-more-anxious-today-than-time-last-year

Deluca, A. N. (1. November 2013). »Who multitasks best? Women, of course.« In: *National Geographic*, nationalgeographic.com/science/article/131101-multitasking-women-productivity-psychology

Derkatch, C. (2018). »The self-generating language of wellness and natural health.« In: *Rhetoric of Health and Medicine* 1, Nr. 1, S. 132–160, muse.jhu.edu/article/710565

Desai, N. (2022). *The principles of pleasure* [Dokumentarreihe]. Netflix.

Desai, S. (4. März 2014). »Gulabi Gang: India's women warriors.« In: *Al Jazeera*, aljazeera.com/features/2014/03/04/gulabi-gang-indias-women-warriors/

Deutsch, T. (2010). *Building a housewife's paradise: Gender, politics, and American grocery stores in the twentieth century.* Chapel Hill, NC: University of North Carolina Press.

Dhamoon, R. K. (2009). »Democracy, accountability, and disruption.« In: S. Gaon (Hg.). *Democracy in crisis: Violence, alterity, community*, Manchester, UK: Manchester University Press, S. 241–261.

DiGiacomo, D. V., Tennyson, C. A., Green, P. H. und R. T. Demmer (2013). »Prevalence of gluten-free diet adherence among individuals without celiac disease in the USA: Results from the Continuous National Health and Nutrition Examination Survey, 2009–2010.« In: *Scandinavian Journal of Gastroenterology* 48, S. 921–925.

Don't Mess with Mama (o. D.), dontmesswithmama.com/blog/

Druckerman, K. (2020). *(un)gesund* [Dokumentarreihe]. Netflix.

Du Bois, W. E. B. (1899). *The Philadelphia Negro: A social study.* Philadelphia, PA: University of Pennsylvania Press.

Esquibel, C. R. (2016). »Decolonize your diet: Notes toward decolonization«, foodfirst.org/publication/decolonize-your-diet-notes-towards-decolonization/

EZLN (Zapatistische Armee der Nationalen Befreiung) (2005). »The Sixth Declaration of the Selva Lacandona«, enlacezapatista.ezln.org.mx/sdsl-en/

Fair Trade Certified (o. D.). »It's time for the world to start caring about coconuts«, 3blmedia.com/news/its-time-world-start-caring-about-coconuts

Federal Trade Commission (19. April 2017). »FTC staff reminds influencers and brands to clearly disclose relationship«, ftc.gov/news-events/press-releases/2017/04/ftc-staff-reminds-influencers-brands-clearly-disclose

Federici, S. (2004, dt. 2012). *Caliban und die Hexe: Frauen, der Körper und die ursprüngliche Akkumulation.* Übers. von M. Henninger. Wien: Mandelbaum.

Federici, S. (2012, dt. 2022). *Revolution at Point Zero: Hausarbeit, Reproduktion und feministischer Kampf.* Übers. von L. Kühlberger. Münster: Unrast.

Forrest, C. (2018). »Choosing between paleo, keto, Whole30, vegan and clean eating diets«, cleaneatingkitchen.com/paleo-keto-whole30-vegan-diets/

Fox, S. (2014). »The social life of health information.« *Pew Research Center*, pewresearch.org/fact-tank/2014/01/15/the-social-life-of-health-information/

Freudenberg, N. (2014). *Lethal but legal: Corporations, consumption, and protecting public health* [Kindle iOS version].

Fullilove, M. T. (2004). *Root shock: How tearing up city neighborhoods hurts America, and what we can do about it.* New York, NY: One World / Ballantine Books.

Gaesser, G. A. und S. S. Angadi (2012). »Gluten-free diet: Imprudent dietary advice for the general population?« In: *Journal of the Academy of Nutrition and Dietetics* 112, Nr. 9, S. 1330–1333.

Gans, K. (2019). »The 10 most popular diets of 2018, according to Google.« *US News and World Report,* health.usnews.com/health-news/blogs/eat-run/articles/2019-01-15/the-10-most-popular-diets-of-2018-according-to-google

Getachew, Y., Zephyrin, L., Abrams, M. K., Shah, A., Lewis, C. und M. M. Doty (10. September 2020). »Beyond the case count: The wide-ranging disparities of COVID-19 in the United States.« *Commonwealth Fund,* commonwealthfund.org/publications/2020/sep/beyond-case-count-disparities-covid-19-united-states

Global Entrepreneurship Monitor (GEM). »2018/2019 Global Report«, gemconsortium.org/report/gem-2018-2019-global-report

Global Entrepreneurship Monitor (GEM). »2019/2020 Global Report«, gemconsortium.org/file/open?fileId=50443

Global Entrepreneurship Monitor (GEM). »2019/2020 United States Report«, gemconsortium.org/file/open?fileId=50518

Global Entrepreneurship Monitor (GEM). »2016/2017 Women's Entrepreneurship Report«, gemconsortium.org/report/gem-20162017-womens-entrepreneurship-report

Global Wellness Institute (GWI), Oktober 2018. »Global Wellness Economy Monitor«, globalwellnessinstitute.org/wp-content/uploads/2018/10/Research2018_v5webfinal.pdf

Global Wellness Summit (GWS). »2018 Global Wellness Trends Report«, globalwellnesssummit.com/2018-global-wellness-trends/

Goldman, E. (1931, dt. 2010). *Gelebtes Leben: Autobiografie.* Übers. von M. Breitinger, R. Orywa und S. Vetter. Hamburg: Edition Nautilus.

Goldemeier, D. (2013). »Mindfulness: A sexual medicine physician's personal and professional journey.« In: *Sexual and Relationship Therapy* 28, S. 77–83.

Goldstein, M. S. (2002). »The emerging socioeconomic and political support for alternative medicine in the United States.« In: *The Annals of the American Academy of Political and Social Science* 583, Nr. 1, S. 44–63.

GRAHAM, J. (2017). *Good sex: Getting off without checking out.* Berkeley, CA: North Atlantic Books.

GREGG, M. (2018). *Counterproductive: Time management in the knowledge economy.* Durham, NC: Duke University Press.

GUMBS, A. P., MARTENS, C. UND M. WILLIAMS (Hg.) (2016). *Revolutionary mothering: Love on the front lines.* Oakland, CA: PM Press.

GUNTER, J. (26. Juli 2019a). »No, Goop, we are most definitely not on the same side«, drjengunter.com/2019/07/26/no-goop-we-are-most-definitely-not-on-the-same-side/

GUNTER, J. (2019b, dt. 2020). *Die Vagina-Bibel: Vulva und Vagina, Mythos und Wirklichkeit.* Übers. von C. Knüllig. München: Südwest.

GUTHMAN, J. (2011). *Weighing in: Obesity, food justice, and the limits of capitalism.* Berkeley, CA: University of California Press.

HABER, A. UND BALLANTYNE, S. (2015, dt. 2021). *Heilende Küche: Über 175 Paleo-Rezepte gegen Herz-Kreislauf-Probleme, Diabetes und Autoimmunerkrankungen.* Übers. von S. Fischer, Kandern: Unimedica.

HANNA, K. B. (2020). »›Centerwomen‹ and the ›Fourth Shift‹: Hidden figures of transnational Filipino activism in Los Angeles, 1972–1992.« In: R. M. Rodriguez (Hg.), *Filipino American Transnational Activism: Diasporic Politics among the Second Generation.* Boston, MA: Brill Publishing, S. 146–170

HARRIS, A. (5. April 2017). »The history of self-care: From its radical roots to its yuppie-driven middle age to its election-inspired resurgence«, slate.com/articles/arts/culturebox/2017/04/the_history_of_self_care.html

HARRIS, C. (1993). »Whiteness as property.« In: *Harvard Law Review* 106, Nr. 8, S. 1707–1791, doi:10.2307/1341787.

HARTMAN, S. (1997). *Scenes of subjection: Terror, slavery, and self-making in nineteenth-century America.* New York, NY: Oxford University Press.

HARTWIG, D. UND M. (2012, dt. 2015). *Alles beginnt mit dem Essen: Gesund und fit durch Paläo-Ernährung.* Übers. von I. Gläser. München: Riva.

HASSAN, A. (12. November 2019). »Hate-crime violence hits 16-year high, FBI reports.« In: *New York Times*, nytimes.com/2019/11/12/us/hate-crimes-fbi-report.html

Health Resources and Services Administration. (17. Januar 2019). »The ›loneliness epidemic‹.« hrsa.gov/enews/past-issues/2019/january-17/loneliness-epidemic

Hess, A. (17. März 2020). »The Wing is a women's utopia. Unless you work there.« In: *The New York Times*, nytimes.com/2020/03/17/magazine/the-wing.html

Hesse, M. (11. April 2019). »The key to glorifying a questionable diet? Be a tech bro and call it ›biohacking‹«. In: *The Washington Post*, washingtonpost.com/lifestyle/style/the-key-to-glorifying-a-questionable-diet-be-a-tech-bro-and-call-it-biohacking/2019/04/11/12368e2c-5ba2-11e9-842d-7d3ed7eb3957_story.html

Hill, L. (17. Oktober 2019). »Global wellness industry now worth $4.5 trillion, thanks to $828 billion physical activity market.« *WellToDo: Global Wellness News*, welltodoglobal.com/global-wellness-industry-now-worth-4-5-trillion-thanks-to-828-billion-physical-activity-market/

Hobart, H. J. K. und Kneese, T. (2020). »Radical care: Survival strategies for uncertain times.« In: *Social Text* 142, 38, Nr. 1, S. 1–16.

Huet, E. (18. Juni 2018). »The dark side of the Orgasmic Meditation company.« In: *Bloomberg Businessweek*, bloomberg.com/news/features/2018-06-18/the-dark-side-of-onetaste-the-orgasmic-meditation-company

Hyman, M. (2018). *Food: What the heck should I eat.* New York, NY: Little, Brown and Company.

Jacobs, A. (14. Juni 2017). »Meet the Goopies.« In: *The New York Times*, nytimes.com/2017/06/14/fashion/gwyneth-paltrow-in-goop-health-wellness.html?module=Uisil

Jaime, A. (8. August 2019). »True self-care is not about you.« In: *VICE*, vice.com/en_us/article/ywazwb/true-self-care-is-not-about-you

Kaba, M. (3. Januar 2019). »Black women punished for self-defense must be freed from their cages.« In: *The Guardian*, theguardian.com/commentisfree/2019/jan/03/cyntoia-brown-marissa-alexander-black-women-self-defense-prison

Kabat-Zinn, J. (1991): *Gesund und stressfrei durch Meditation: Das große Buch der Selbstheilung*. Übers. von M. B. Kroh. München: Barth.

Kaplan, L. (1995). *The story of Jane: The legendary underground feminist abortion service.* Chicago, IL: University of Chicago Press.

Karavolias, N. (9. Mai 2019). »Organic food is booming, but it's grinding field laborers into the dirt.« *Massive Science,* massivesci.com/articles/organic-farming-food-usda-pesticide-agricultural-labor/

Kincaid, J. (1988, dt. 2001). *Nur eine kleine Insel.* Übers. von I. Lauscher. Stuttgart: DVA.

Kisner, J. (14. März 2017). »The politics of conspicuous displays of self-care.« In: *The New Yorker,* newyorker.com/culture/culture-desk/the-politics-of-selfcare

Knight, C. (2015). »We can't go back a hundred million years.« In: *Food, Culture and Society* 18, Nr. 3, S. 441–461, doi:10.1080/15528014.2015.1043107

Knoll, J. (8. Juni 2019). »Smash the wellness industry.« In: *The New York Times,* nytimes.com/2019/06/08/opinion/sunday/women-dieting-wellness.html

Kochhar, R. (11. Juni 2020). »Unemployment rose higher in three months of COVID-19 than it did in two years of the Great Recession.« *Pew Research Center,* pewresearch.org/short-reads/2020/06/11/unemployment-rose-higher-in-three-months-of-covid-19-than-it-did-in-two-years-of-the-great-recession/

Kochhar, R. und A. Cilluffo (12. Juli 2018). »Income inequality in the US is rising most rapidly among Asians.« *Pew Research Center,* pewresearch.org/social-trends/2018/07/12/income-inequality-in-the-u-s-is-rising-most-rapidly-among-asians/

Kochhar, R. und A. Cilluffo (1. November 2017). »How wealth inequality has changed in the US since the Great Recession, by race, ethnicity and income.« In: *Pew Research Center,* pewresearch.org/short-reads/2017/11/01/how-wealth-inequality-has-changed-in-the-u-s-since-the-great-recession-by-race-ethnicity-and-income/

Koscis, A. und J. Newbury-Helps (2016). »Mindfulness in sex therapy and intimate relationships (MSIR): Clinical protocol and theory development.« In: *Mindfulness* 7, S. 690–699.

Kotecki, P. (2. Januar 2019). »The most popular diets millennials want to try in 2019.« In: *Business Insider,* businessin sider.com/most-popular-diets-millennials-want-to-try-2019-2018-12

Kowitt, B. (21. Mai 2015). »Special report: The war on big food«, fortune.com/2015/05/21/the-war-on-big-food/

Kresser, C. (2017). *Unconventional medicine: Join the revolution to reinvent health care, reverse chronic disease, and create a practice you love.* Lioncrest Publishing.

Kresser Institute (o. D.). kresserinstitute.com/

Larocca, A. (2017). »The wellness epidemic: Why are so many privileged people feeling so sick? Luckily, there's no shortage of cures.« In: *The Cut,* thecut.com/2017/06/how-wellness-became-an-epidemic.html

Laudan, R. (2001). »A plea for culinary modernism: Why we should love new, fast, processed food«. In: *Gastronomica* 1, Nr. 1, S. 36–44.

Levenstein, H. (2012). *Fear of food: A history of why we worry about what we eat.* Chicago, IL: University of Chicago Press.

Levin, I. (1972, dt. 2004). *Die Frauen von Stepford.* Übers. von K. von Waberer. München: Goldmann.

Lewis, C. H. (2005). »Waking Sleeping Beauty: The premarital pelvic exam and heterosexuality during the Cold War.« In: *Journal of Women's History* 17, S. 86–110.

Lewis, S. (2019). *Full surrogacy now: Feminism against family.* New York, NY: Verso Books.

Linehan, M. (1993, dt. 1996). *Dialektisch-behaviorale Therapie der Borderline-Persönlichkeitsstörung.* Übers. von R. Shaw. München: CIP.

Lis, D. M., Stellingwerff, T., Shing, C. M., Ahuja, K. D. K. und J. W. Fell (2014). »Exploring the popularity, experiences, and beliefs surrounding gluten-free diets in nonceliac athletes.« In: *International Journal of Sport Nutrition and Exercise Metabolism* 25, S. 37–45.

Lopez, S. (4. Juli 2020). »Column: Out of work, desperate and hungry, they waited in long lines for food.« In: *Los Angeles Times,* latimes.com/california/story/2020-07-04/food-banks-desperation-coronavirus-unemployment

Lorde, A. (1984, dt. 2007). *Sister Outsider: Essays.* Übers. von E. Bonné und M. Kraft. Berlin: Hanser.

Lorde, A. (1988, dt. 2021). *Ein strahlendes Licht: Schriften,*

Reden und Gespräche. Übers. von E. Bonné, M. Kraft, M. Nuenning und P. V. Rotter. Zürich: AKI.

LUGONES, M. (2007). »Heterosexualism and the colonial/modern gender system.« In: *Hypatia* 22, Nr. 1, S. 186–209.

LUGONES, M. (2010). »Toward a decolonial feminism.« In: *Hypatia* 25, Nr. 4, S. 742–759.

MALDONADO-TORRES, N. (23. Oktober 2016). »Outline of ten theses on coloniality and decoloniality.« Frantz Fanon Foundation, fondation-frantzfanon.com/wp-content/uploads/2018/10/maldonado-torres_outline_of_ten_theses-10.23.16.pdf

MARKOWITZ, S. (2001). »Pelvic politics: Sexual dimorphism and racial difference.« In: *Signs* 26, S. 389–414.

MARQUEZ, P. V. (12. Januar 2017). »Healthy women are the cornerstone of healthy societies.« World Bank Blogs, blogs.worldbank.org/health/healthy-women-are-cornerstone-healthy-societies

MARTIN, D. (18. April 2003). »Dr. Robert C. Atkins, author of controversial but best-selling diet books, is dead at 72.« In: *The New York Times*, nytimes.com/2003/04/18/nyregion/dr-robert-c-atkins-author-controversial-but-best-selling-diet-books-dead-72.html

MARYA, R. (o. D.). »Decolonizing health care: Addressing social stressors in medicine.« Bioneers, bioneers.org/decolonizing-healthcare-addressing-social-stressors-in-medicine-ztvz1812/

MASSEY, D. S. UND N. A. DENTON (1993). *American apartheid: Segregation and the making of the underclass.* Cambridge, MA: Harvard University Press.

MASTERS, W. H., UND V. E. JOHNSON (1966, dt. 1967). *Die sexuelle Reaktion.* Übers. von V. Sigusch und J. D. Wilson. Frankfurt a. M.: Akademische Verlagsgesellschaft.

MAYORGA, E., LEIDECKER, L. UND D. ORR DE GUTIERREZ (2019). »Burn it down: The incommensurability of the university and decolonization.« In: *Journal of Critical Thought and Praxis* 8, Nr. 1, S. 87–106.

MCWHORTER, L. (2004). »Sex, race, and biopower: A Foucauldian genealogy.« In: *Hypatia* 19, S. 38–62.

MCWHORTER, L. (2009). *Racism and sexual oppression in Anglo-America: A genealogy.* Bloomington, IN: Indiana University Press.

McGee, M. (2020). »Capitalism's care problem: Some traces, fixes, and patches.« In: *Social Text* 38, Nr. 1/142, S. 39–66.
Melamed, J. (2006). »The spirit of neoliberalism from racial liberalism to neoliberal multiculturalism.« In: *Social Text* 24, Nr. 4/89, S. 1–24.
Meltzer, M. (10. Dezember 2016). »Soak, steam, spritz: It's all self-care.« In: *The New York Times*, nytimes.com/2016/12/10/fashion/post-election-anxiety-self-care.html
Mies, M. und V. Bennholdt-Thomsen (1999). *The subsistence perspective: Beyond the globalised economy*. London: Zed Books.
Mickey, E. L. (2019). »›Eat, pray, love bullshit‹: Women's empowerment through wellness at an elite professional conference.« In: *Journal of Contemporary Ethnography* 48, Nr. 1, S. 103–127, doi.org/10.1177/0891241617752409
Mies, M. (2015). *Patriarchat & Kapital*. München: bge-verlag.
Miller, J. (29. Mai 2020). »An ode to mac and cheese, the poster child for processed food.« Website der Colorado State University, source.colostate.edu/an-ode-to-mac-and-cheese-the-poster-child-for-processed-food/
Mintz, L. B. (2009). *A tired woman's guide to passionate sex: Reclaim your desire and reignite your relationship*. Avon, MA: Adams Media.
Moore, L. R. (2014). »›But we're not hypochondriacs:‹ The changing shape of gluten-free dieting and the contested illness experience.« In: *Social Science and Medicine* 105, S. 76–83.
Morini, C. (2007). »The feminization of labour in cognitive capitalism.« In: *Feminist Review* 87, S. 40–59.
Moss, G. (2016). *Glop: Nontoxic, expensive ideas that will make you look ridiculous and feel pretentious*. New York, NY: Dey Street Books.
Movement for Black Lives (o. D.). m4bl.org/
Mull, A. (30. Oktober 2018). »The harder, better, faster, stronger language of dieting.« In: *The Atlantic*, theatlantic.com/health/archive/2018/10/tech-industry-diet-products-have-whole-new-language/574390/?gclid=Cj0KCQjwlvT8BRDeARIsAACRFiUN4YzBKz-NGZGmI6S77OkbgLzpRkJIzXXx6QYovq73-evf1FX5NhwaAqfHEALw_wcB
Murphy, M. (2012). *Seizing the means of reproduction: Entan-*

glements of feminism, health, and technoscience. Durham, NC: Duke University Press.

Murphy, M. (2017). *The economization of life.* Durham, NC: Duke University Press.

Mzezewa, T. (27. Juli 2021). »The travel industry's reckoning with race and inclusion.« In: *The New York Times*, nytimes.com/2021/07/27/travel/black-travelers-diversity-inclusion.html

National Archives (o. D.). »The Homestead Act of 1862.« archives.gov/education/lessons/homestead-act

National Public Radio (8. Oktober 2020). »Pandemic ›profiteers‹: Why billionaires are getting richer during an economic crisis«, npr.org/2020/10/05/920314309/pandemic-profiteers-why-billionaires-are-getting-richer-during-an-economic-crisis

Nelson, A. (2013). *Body and soul: The Black Panther Party and the fight against medical discrimination.* Minneapolis, MN: University of Minnesota Press.

Newberry, C., McKnight, L, Sarav, M. und O. Pickett-Blakely (2017). »Going gluten-free: The history and nutritional implications of today's most popular diet.« In: *Current Gastroenterology Reports* 19, S. 54, doi.org/10.1007/s11894-017-0597-2

Ngũgĩ wa Thiong'o. (1986, dt. 2017). *Dekolonisierung des Denkens. Essays über afrikanische Sprachen in der Literatur.* Übers. von T. Brückner. Münster: Unrast.

Ochoa Ayala, M. (24. Februar 2020). »Avocado: the ›green gold‹ causing environmental havoc.« World Economic Forum, weforum.org/agenda/2020/02/avocado-environment-cost-food-mexico/

O'Neill, R. (2020). »Pursuing ›wellness‹: Considerations for Media Studies.« In: *Television and New Media* 21, S. 628–634.

Otterman, S. (12. April 2019). »A white restaurateur advertised ›clean‹ Chinese food. Chinese-Americans had something to say about it.« In: *The New York Times*, nytimes.com/2019/04/12/nyregion/lucky-lees-nyc-chinese-food.html

Owens, D. C. (2017). *Medical bondage: Race, gender, and the origins of American gynecology.* Athens, GA: University of Georgia Press.

Parr, H. (2002). »New body-geographies: The embodied spaces of health and medical information on the internet.« In: *Environment and Planning D: Society and Space* 20, Nr. 1, S. 73–95. doi:10.1068/d41j

Parsley Health (o. D.). parsleyhealth.com

Penny, L. (8. Juli 2016). »Life-hacks of the poor and aimless: On negotiating the false idols of neoliberal self-care.« In: *The Baffler,* thebaffler.com/latest/laurie-penny-self-care

People's Kitchen Collective (o. D.), peopleskitchencollec tive.com/

Perlmutter, D. (2014, dt. 2021). *Dumm wie Brot: Wie Weizen schleichend Ihr Gehirn zerstört.* Übers. von I. Brodersen. München: Goldmann.

Perrier, M. und E. Swan (9. Dezember 2019). »Foodwork: Racialized, gendered, and classed labours«, futuresofwork .co.uk/2019/12/09/foodwork-racialised-gendered-and-class -labours/

Petersen, A. R., Davis, M., Fraser, S. und J. Lindsay (2010). »Healthy living and citizenship: An overview.« In: *Critical Public Health* 20, Nr. 4, S. 391–400.

Petersen, A. R. und D. Lupton (1996). *The new public health: Health and self in the age of risk.* London: SAGE.

Pew Research Center (2018). »The internet and health.« pew research.org/internet/2013/02/12/the-internet-and-health/

Piepzna-Samarasinha, L. L. (2018). *Care work: Dreaming disability justice.* Vancouver, BC: Arsenal Pulp Press.

Pierrot, G. (2021). *Dekolonisiert den Hipster.* Übers. von J.-F. Bandel. Hamburg: Edition Nautilus.

Povinelli, E. A. (2011). *Economies of abandonment: Social belonging and endurance in late liberalism.* Durham, NC: Duke University Press.

Purser, R. (14. June 2019). »The mindfulness conspiracy.« In: *The Guardian,* theguardian.com/lifeandstyle/2019/jun/14 /the-mindfulness-conspiracy-capitalist-spirituality

Quijano, A. (2000). »Coloniality of power, eurocentrism, and Latin America.« In: *Nepantla: Views from the South* 1, Nr. 3, S. 533–580.

Quijano, A. und I. Wallerstein (1992). »Americanity as a concept, or the Americas in the modern world-system.« In: *International Social Science Journal* 134, S. 549–557.

Rainsborough, J. (2011). *Lifestyle media and the formation of the self.* New York, NY: Palgrave Macmillan.

Raphael, R. (8. Oktober 2018). »These 10 market trends turned wellness into a $4.2 trillion global Industry«, fastcompany.com/90247896/these-10-market-trends-turned-wellness-into-a-4-2-trillion-global-industry

Reich, J. A. (2016). »Of natural bodies and antibodies: Parents' vaccine refusal and the dichotomies of natural and artificial.« In: *Social Science and Medicine* 157, S. 103–110.

Reisner, S. L., White Hughto, J. M., Gamarel, K. E., Keuroghlian, A. S., Mizock, L. und J. Pachankis (2016). »Discriminatory experiences associated with posttraumatic stress disorder symptoms among transgender adults.« In: *Journal of Counseling Psychology* 63, Nr. 5, S. 509–519.

Richards, E. (1882). *The chemistry of cooking and cleaning.* Boston, MA: Whitcomb and Barrows.

Richards, E. (1904). *The art of right living.* Boston, MA: Whitcomb and Barrows.

Richardson, D. (2003). *Zeit für Liebe: Sex, Intimität und Ekstase in Beziehungen.* Übers. von P. Wolf. Köln: Innenwelt.

Richardson, D. (2011). *Slow Sex: Zeit finden für die Liebe.* Übers. von K. Weingart. München: Integral.

Richardson, D. (2. April 2018). »The power of mindful sex« [Video]. TEDxLinz, youtube.com/watch?v=oqyW35EMLu Mundlist=PLs3Kdx4uDYWRwVkPLi7pA9rE2Q-D-Mhc5und index=41undt=0s

Roberts, D. (1997). *Killing the black body: Race, reproduction, and the meaning of liberty.* New York, NY: Vintage Books.

Roberts, K. (10. August 2021). »X, Decolonize.« In: »Decolonize X?«, post45.org/2021/08/x-decolonize/

Rosman, K. (11. Juni 2020). »Audrey Gelman, The Wing's co-founder, resigns.« In: *The New York Times,* nytimes.com/2020/06/11/style/the-wing-ceo-audrey-gelman-resigns.html

Rottenberg, C. (2013). »The rise of neoliberal feminism.« In: *Cultural Studies* 28, Nr. 3, S. 418–437.

Rottenberg, C. (2020). *The rise of neoliberal feminism.* Oxford, UK: Oxford University Press.

Rowland, K. (2020). *The pleasure gap: American women and the unfinished sexual revolution.* New York, NY: Seal Press.

Rythmia Life Advancement Center (o. D.), rythmia.com/

Rueda Esquibel, C. (Herbst 2016). »Decolonize your diet. Notes towards decolonization.« In: *Food First. Dismantling Racism in the Food System* 7, archive.foodfirst.org/wp-content/uploads/2016/11/DR7_Final-2.pdf

Saad, L. (13. September 2019). »What percentage of Americans own stock?« news.gallup.com/poll/266807/percentage-americans-owns-stock.aspx

Sainato, M. (16. Juli 2019). »Whole Foods workers say conditions deteriorated after Amazon takeover.« In: *The Guardian*, theguardian.com/business/2019/jul/16/whole-foods-amazon-prime-working-conditions

Saito, N. T. (26. Februar 2015). »Race and decolonization: Whiteness as property in the American settler colonial project.« In: *Harvard Journal on Racial and Ethnic Justice*, ssrn.com/abstract=2593121

Sandoval, C. (2000). *Methodology of the oppressed.* Minneapolis, MN: University of Minnesota Press.

Schlosser, K. (16. September 2020). »Bulletproof raises $13M to fuel growth of ›high performance‹ food and beverage products«, geekwire.com/2020/bulletproof-raises-13m-fuel-continued-growth-food-beverage-products/

Scholz, T. (2016). *Platform cooperativism: Challenging the corporate sharing economy.* New York, NY: Rosa Luxemburg.

Scott, E. (3. August 2020). »5 self-care practices for every area of your life«, verywellmind.com/self-care-strategies-overall-stress-reduction-3144729

Segal, Z. V., Williams, J. M. G. und J. D. Teasdale (2002). *Mindfulness-based cognitive therapy for depression: A new approach to preventing relapse.* New York, NY: Guilford.

Seiler, C. (2020). »The origins of white care.« In: *Social Text* 38, Nr. 1/142, S. 17–38, doi.org/10.1215/01642472-7971079

»Self-care« (o. D.). Wikipedia, en.wikipedia.org/wiki/Self-care

Selva, J. (10. Dezember 2020). »50 best mindfulness books«, positivepsychology.com/mindfulness-books/

Sitrin, M. (2006). *Horizontalism: Voices of popular power in Argentina.* New York, NY: AK Press.

Snorton, C. R. (2017). *Black on both sides: A racial history of trans identity.* Minneapolis, MN: University of Minnesota.

Somerville, S. (1994). »Scientific racism and the emergence of the homosexual body.« In: *Journal of the History of Sexuality* 5, S. 243–266.

Somerville, S. (2000). *Queering the color line: Race and the invention of homosexuality in American culture.* Durham, NC: Duke University Press.

Sonfield, A., Frost, J. J., Dawson, R. und L. D. Lindberg (3. August 2020). »COVID-19 job losses threaten insurance coverage and access to reproductive health care for milli ons.« In: *Health Affairs*, healthaffairs.org/do/10.1377/fore front.20200728.779022/full/

Spade, D. (2020, dt. 2023). *Solidarisch füreinander sorgen: Ein Leitfaden für diese Krise und die nächste.* Übers. von S. Bitar. Hiddensee: w_orten & meer.

Spade, D. (2020). »Solidarity not charity: Mutual aid for mobilization and survival.« In: *Social Text* 38, Nr. 1/142, S. 131–151.

Spechler, D. (11. November 2016). »The rise of Donald Trump demands we embrace a harder kind of self-care«, qz.com/83 4607/the-rise-of-donald-trump-demands-a-new-kind-of-self -care/

Spillers, H. (1987). »Mama's baby, Papa's maybe: An American grammar book.« In: *Diacritics* 17, S. 64–81.

Spurgas, A. K. (2020). *Diagnosing desire: Biopolitics and femininity into the twenty-first century.* Columbus, OH: The Ohio State University Press.

Spurgas, A. K. (2021). »Solidarity in falling apart: Toward a crip, collectivist, and justice-seeking theory of feminine fracture.« In: *Lateral*, 10.1, csalateral.org/section/cripistemo logies-of-crisis/solidarity-falling-apart-toward-crip-collec tivist-justice-theory-feminine-fracture-spurgas/

Sreenivasan, H., Weber, S. und C. Kargbo (11. Juni 2019). »The true story beyond the ›welfare queen‹ stereotype.« In: PBS News Hour, pbs.org/newshour/show/the-true-story-be hind-the-welfare-queen-stereotype

Srnicek, N. (2016, dt. 2018). *Plattform-Kapitalismus.* Übers. von U. Schäfer. Hamburg: Hamburger Edition.

Stackpole, T. (11. Juli 2019). »You call it starvation. I call it biohacking.« In: *The New York Times*, nytimes.com/2019 /07/11/opinion/sunday/men-extreme-diets.html?referring Source=articleShare

Stamp, N. (23. Mai 2019). »The revolutionary origins of self-care«, locallove.ca/issues/the-revolutionary-origins-of-self-care/#.X0quSGdKjEZ

Stiglitz, J. E. (2012). *Der Preis der Ungleichheit: Wie die Spaltung der Gesellschaft unsere Zukunft bedroht.* Übers. von T. Schmidt. München: Siedler.

Stone, C., Trisi, D., Sherman, A. und J. Beltrán (13. Januar 2020). »A guide to statistics on historical trends in income inequality.« Center for Budget and Policy Priorities, cbpp.org/research/poverty-and-inequality/a-guide-to-statistics-on-historical-trends-in-income-inequality

Strangers in a Tangled Wilderness (2015). *A small key can open a large door: The Rojava revolution.* Strangers in a Tangled Wilderness Press.

Strom, S. (25. April 2014). »As parents make their own baby food, industry tries to adapt.« In: *The New York Times,* nytimes.com/2014/04/26/business/as-parents-make-their-own-industry-tries-to-adapt.html

Stuckler, D. und M. Nestle (2012). »Big food, big systems, and global health.« In: *PLoS Medicine,* 9, Nr. 6, e1001242.

Sykes, P. (23. Oktober 2017). »How BFF marketing became the M.O. for women's direct-to-consumer brands«, businessoffashion.com/articles/intelligence/how-bff-marketing-became-the-m-o-for-womens-direct-to-consumer-brands

Tam, M. (2013). *Nom nom paleo: Food for humans.* Kansas City, MO: Andrews McMeel Publishing.

Taparia, H. und P. Koch (8. November 2015). »A seismic shift in how people eat.« In: *The New York Times,* nytimes.com/2015/11/08/opinion/a-seismic-shift-in-how-people-eat.html

Tavakkoli, A., Lewis, S. K., Tennyson, C. A., Lebwohl, B. und P. H. R. Green (2014). »Characteristics of patients who avoid wheat and/or gluten in the absence of celiac disease.« In: *Digestive Diseases and Sciences* 59, S. 1255–1261.

Tech Crunch (o. D.). »The future of shopping is all about contextual commerce«, techcrunch.com/sponsor/unlisted/the-future-of-shopping-is-all-about-contextual-commerce/?guccounter=1

The Care Collective. (2020). *Care manifesto: The politics of interdependence.* New York, NY: Verso Books.

The Coconut Mama (o. D.). thecoconutmama.com/

The Feminine (o. D.). thefeminine.com/
The Mommypotamus (o. D.). mommypotamus.com/
The Paleo Mama (o. D.). thepaleomama.com/
The Paleo Running Momma (o. D.). paleorunningmomma .com/
The Prairie Homestead (o. D.). theprairiehomestead.com/
The Primal Blueprint (o. D.). primalblueprint.com
The Wellness Mama (o. D.). wellnessmama.com/
Thomashauer, R. (o. D.). mamagenas.com/
Tlostanova, M. V. und W. D. Mignolo (2012). *Learning to unlearn: Decolonial reflections from Eurasia and the Americas.* Columbus, OH: The Ohio State University Press.
Tolentino, J. (2019, dt. 2021). *Trick Mirror: Über das inszenierte Ich.* Übers. von M. Ruppel. Frankfurt a. M.: S. Fischer.
Trombetta, S. (2. Januar 2018). »Understanding the radical history of self-care is essential to practicing it successfully«, hellogiggles.com/understanding-radical-history-of-self-care/
Tsipursky, G. (5. Juli 2018). »(Dis)trust in science: Can we cure the scourge of misinformation?« In: *Scientific American,* blogs.scientificamerican.com/observations/dis-trust-in-science/
Tuck, E. und K. W. Yang (2012). »Decolonization is not a metaphor.« In: *Decolonization: Indigeneity, Education and Society* 1, Nr. 1, S. 1–40.
Tulshyan, R. (29. Juli 2021). »No loans, no credit, no funding: Why more women aren't millionaires.« In: *The New York Times,* nytimes.com/2021/07/29/us/we-should-all-be-millionaires-rachel-rodgers.html?searchResultPosition=6
United States Census Bureau (März 2016). *Educational attainment in the United States: 2015,* census.gov/content/dam/Census/library/publications/2016/demo/p20-578.pdf
United States Census Bureau (15. September 2020). *Race and poverty in the United States: 2019,* census.gov/library/publications/2020/demo/p60-270.html
University of Michigan School of Public Health. (12. Februar 2020). »Healing in public health: Oppression, trauma, and resilience: An interview with Kelly Gonzales and Jilliene Joseph.« sph.umich.edu/pursuit/2020posts/healing-in-public-health.html

Wafai, Y., Larson, Z. und C. Pucci (2. Juli 2019). »12 tips for more equitable travel. Yes!«, yesmagazine.org/issue/travel /2019/07/02/tips-vacation-social-justice

Walia, H. (2013). *Undoing border imperialism.* New York, NY: AK Press.

Walia, H. (2021). *Border and rule: Global migration, capitalism, and the rise of racist nationalism.* Chicago, IL: Haymarket Books.

Walsh, C. E. und W. D. Mignolo (Hgg.) (2018). *On decoloniality: Concepts, analytics, praxis.* Durham, NC: Duke University Press.

Ward, J. (2020). *The tragedy of heterosexuality.* New York, NY: New York University Press.

Washington, H. A. (2006). *Medical apartheid: The dark history of medical experimentation on Black Americans from colonial times to the present.* New York, NY: Broadway Books.

Weir, A. (2017). »Decolonizing feminist freedom: Indigenous relationalities.« In: M. A. McLaren (Hg.). *Decolonizing feminism: Transnational feminism and globalization.* London: Rowman and Littlefield.

Whole30 Community Cares Summit (2020), hopin.to/events /whole30-ccs-2020#schedule

Whyte, K. P. (2016). »Indigenous food sovereignty, renewal and US settler colonialism«. In: M. Rawlinson und C. Ward (Hgg.), *The Routledge Handbook of Food Ethics.* Milton Park: Routledge.

Wilkes, K. (2021). »Eating, looking, and living clean: Techniques of contemporary femininity in contemporary food culture.« In: *Gender, Work, and Organization*, open-access .bcu.ac.uk/10721/

Wike, R., Silver, L. und A. Castillo (28. April 2019). »Many across the globe are dissatisfied with how democracy is working.« Pew Research Center, pewresearch.org/global /2019/04/29/why-are-people-dissatisfied-with-how-demo cracy-is-working/

Wilson, J. (2017). »›Mindfulness makes you a way better lover‹: Mindful sex and the adaptation of Buddhism to new cultural desires.« In: D. L. McMahan und E. Braun (Hgg.), *Meditation, Buddhism, and Science*, Oxford, UK: Oxford University Press. S. 152–172.

ZUPELLO, S. (15. Februar 2019). »The latest Instagram influencer frontier? Medical promotions.« In: *Vox,* vox.com/the-goods/2019/2/15/18211007/medical-sponcon-instagram-influencer-pharmaceutical